AF554131

AMPHITRYON,

COMEDIE.

PAR I.B.P. DE MOLIERE.

A PARIS,
Chez IEAN RIBOV, au Palais, vis à vis la Porte de l'Eglise de la Sainte Chapelle, à l'Image Saint Louis.

M. DC. LXVIII.
AVEC PRIVILEGE DV ROY.

A SON ALTESSE SERENISSIME MONSEIGNEVR LE PRINCE.

ONSEIGNEVR,

N'en déplaise à nos beaux Esprits, ie ne vois rien de plus ennuyeux que les Epistres Dédicatoires ; & VOSTRE ALTESSE SERENISSIME *trouuera bon, s'il luy plaist, que ie ne suiue point icy le style de ces Messieurs là ; & refuse de me seruir de deux, ou trois miserables pensées, qui ont esté tournées, & retournées tant de fois, qu'elles sont usées de tous les côtez. Le Nom du Grand* CONDÉ *est un Nom trop glorieux, pour le traiter comme on fait tous les autres Noms. Il ne faut l'apliquer, ce Nom illustre, qu'à des Emplois qui soient dignes de luy; & pour dire de belles choses, ie voudrois parler de le mettre à la teste d'une Armée, plutost qu'à la teste d'un Liure: Et ie conçois bien mieux ce qu'il est capable de faire, en l'opposant aux forces des Ennemis de cet Etat, qu'en l'opposant à la Critique des Ennemis d'une Comedie.*

Ce n'est pas, MONSEIGNEUR, *que la glorieuse approbation de V. A. S. ne fust une puissante protection pour toutes ces sortes d'Ouurages, & qu'on ne soit persuadé des lumieres de vostre Esprit, autant que de l'intrépidité de vostre Cœur, & de la grandeur de vostre Ame. On sçait par toute la Terre, que l'éclat de vostre Mérite n'est point renfermé dans les bornes de cette Valeur indomptable, qui se fait des Adorateurs* chez ceux-mesme qu'Elle surmonte ; qu'il s'étend, ce Mérite, jusques aux connoissances les plus fines & les plus releuées ; & que les décisions de vostre jugement sur tous les Ouurages d'esprit, ne manquent point d'estre suiuies par le sentiment des plus délicats. Mais on sçait aussi, MONSEIGNEVR, que toutes ces glorieuses aprobations dont nous nous vantons au Public, ne nous coûtent rien à faire imprimer, & que ce sont des choses dont nous disposons comme nous voulons. On sçait, dis-je, qu'vne Epistre Dédicatoire dit tout ce qu'il luy plaist ; & qu'vn Autheur est en pouuoir d'aller saisir les Personnes les plus augustes, & de parer de leurs grands Noms les premiers feüillets de son Liure ; qu'il a la liberté de s'y donner autant qu'il veut l'honneur de leur estime, & de se faire des Protecteurs qui n'ont iamais songé à l'estre.

Ie n'abuseray, MONSEIGNEVR, ny de vostre Nom, ny de vos bontez, pour combattre les Censeurs de l'Amphitryon, & m'attribuër vne gloire, que ie n'ay pas peut-estre meritée ; & ie ne prens la liberté *de vous offrir ma Comedie, que pour auoir lieu de vous dire que ie regarde incessamment auec vne profonde veneration, les grandes Qualitez que vous joignez au Sang auguste dont vous tenez le jour, & que ie suis, MONSEIGNEVR, auec tout le respect possible, & tout le zele imaginable,*

De VOSTRE ALTESSE SERENISSIME,

Le tres-humble, tres-obeïssant,
& tres-obligé Seruiteur,
MOLIERE.

Extrait du Priuilege du Roy.

PAR Grace & Priuilege du Roy, donné à Saint Germain en Laye, le 20. jour de Fevrier 1668. Signé, Par le Roy en son Conseil, MARGERET: Il est permis à I. B. P. DE MOLIERE, de faire imprimer par tel Libraire ou Imprimeur qu'il voudra choisir, vne Piece de Theatre de sa composition, intitulée, L'AMPHITRYON, pendant le temps & espace de cinq années entieres & accomplies, à commencer du jour qu'elle sera acheuée d'imprimer: Et defenses sont faites à tous autres Libraires & Imprimeurs, d'imprimer, ou faire imprimer, vendre & debiter ladite Piece, sans le consentement de l'Exposant, ou de ceux qui auront droict de luy; à peine aux contreuenans, de trois mille liures d'amende, confiscation des Exemplaires contrefaits, & de tous despens, dommages & interests, ainsi que plus au long il est porté par lesdites Lettres de Priuilege.

Et ledit Sieur DE MOLIERE a cedé & transporté son droict de Priuilege, à IEAN RIBOV Marchand Libraire à Paris, pour en joüir, suiuant l'accord fait entr'eux.

Registré sur le Liure de la Communauté, suiuant l'Arrest de la Cour de Parlement.

Acheué d'imprimer pour la premiere fois le 5. Mars 1668.

ACTEVRS.

MERCVRE.

LA NVIT.

IVPITER, ſous la forme d'Amphitryon.

AMPHITRYON, General des Thébains.

ALCMENE, Femme d'Amphitryon.

CLEANTHIS, Suiuante d'Alcméne, & Femme de Soſie.

SOSIE, Valet d'Amphitryon.

ARGATIPHONTIDAS,
NAVCRATES,
POLIDAS,
POSICLES, } Capitaines Thébains.

La Scene eſt à Thébes, deuant la Maiſon d'Amphitryon.

AMPHITRYON,
COMEDIE.

PROLOGVE.

MERCVRE *sur vn Nuage*, LA NVIT *dans vn Char traisné par deux Cheuaux.*

MERCVRE.

OVT-BEAV, charmante Nuit; daignez vous arrester.
Il est certain secours, que de vous on desire:
Et i'ay deux mots à vous dire,
De la part de Iupiter.

LA NVIT.

Ah, ah, c'est vous, Seigneur Mercure!
Qui vous eust deuiné là, dans cette posture?

MERCVRE.

Ma foy, me trouuant las, pour ne pouuoir fournir
Aux differens Emplois où Iupiter m'engage,
Ie me suis doucement assis sur ce Nuage,
Pour vous attendre venir.

LA NVIT.

Vous vous moquez, Mercure, & vous n'y songez pas,
Sied-il bien à des Dieux de dire qu'ils sont las?

MERCVRE.

Les Dieux sont-ils de Fer?

LA NVIT.

Non; mais il faut sans cesse
Garder le *decorum* de la Diuinité.
Il est de certains mots, dont l'vsage rabaisse
Cette sublime qualité;
Et que, pour leur indignité,
Il est bon qu'aux Hommes on laisse.

MERCVRE.

A vostre aise vous en parlez;
Et vous auez, la Belle, vne Chaise roulante,
Où par deux bons Cheuaux, en Dame nonchalante,
Vous vous faites traîner par tout où vous voulez.
Mais de moy ce n'est pas de méme;
Et ie ne puis vouloir, dans mon destin fatal,
Aux Poëtes assez de mal,
De leur impertinence extréme:
D'auoir, par vne injuste Loy,
Dont on veut maintenir l'vsage,
A chaque Dieu, dans son Employ,
Donné quelque allûre en partage;
Et de me laisser à pié, Moy,
Comme vn Messager de Village.
Moy qui suis, cóme on sçait, en Terre, & dãs les Cieux,
Le fameux Messager du Souuerain des Dieux;

Et qui, ſans rien exagerer,
Par tous les Emplois qu'il me donne,
Aurois beſoin, plus que Perſonne,
D'auoir dequoy me voiturer.

LA NVIT.

Que voulez-vous faire à cela?
Les Poëtes font à leur guiſe.
Ce n'eſt pas la ſeule ſottiſe,
Qu'on voit faire à ces Meſſieurs-là.
Mais contr'eux toutefois voſtre Ame à tort s'irrite,
Et vos ailes aux piez ſont vn don de leurs ſoins.

MERCVRE.

Oüy; mais pour aller plus viſte,
Eſt-ce qu'on s'en laſſe moins?

LA NVIT.

Laiſſons cela, Seigneur Mercure,
Et ſçachons ce dont il s'agit.

MERCVRE.

C'eſt Iupiter, comme ie vous l'ay dit,
Qui de voſtre Manteau veut la faueur obſcure,
Pour certaine douce auanture,
Qu'vn nouuel Amour luy fournit.
Ses pratiques, ie croy, ne vous ſont pas nouuelles,
Bien ſouuent, pour la Terre, il neglige les Cieux:
Et vous n'ignorez pas que ce Maiſtre des Dieux
Aime à s'humaniſer pour des Beautez mortelles,
Et ſçait cent tours ingénieux,
Pout mettre à bout les plus cruelles.
Des yeux d'Alcméne il a ſenty les coups:
Et tandis qu'au milieu des Beotiques Plaines,
Amphitryon, ſon Epous,
Commande aux Troupes Thebaines,
Il en a pris la forme, & reçoit là-deſſous
Vn ſoulagement à ſes peines,

Dans la possession des plaisirs les plus doux.
L'état des Mariez à ses feux est propice:
L'Hymen ne les a joints, que depuis quelques jours;
Et la jeune chaleur de leurs tendres amours,
A fait que Iupiter à ce bel artifice
S'est auisé d'auoir recours.
Son stratagéme icy se trouue salutaire:
Mais, pres de maint Objet chery,
Pareil déguisement seroit pour ne rien faire;
Et ce n'est pas par tout vn bon moyen de plaire,
Que la Figure d'vn Mary.

LA NVIT.

I'admire Iupiter, & ie ne comprens pas,
Tous les déguisemens, qui luy viennent en teste.

MERCVRE.

Il veut gouster par là toutes sortes d'Etats;
Et c'est agir en Dieu qui n'est pas Beste.
Dans quelque rang qu'il soit des Mortels regardé,
Ie le tiendrois fort miserable,
S'il ne quittoit iamais sa mine redoutable,
Et qu'au faiste des Cieux il fut toûjours guindé.
Il n'est point à mon gré de plus sotte methode,
Que d'estre emprisonné toûjours dans sa grandeur;
Et sur tout, aux transports de l'amoureuse ardeur,
La haute Qualité deuient fort incommode.
Iupiter, qui sans doute en plaisirs se connoist,
Sçait descendre du haut de sa Gloire supréme;
Et pour entrer dans tout ce qu'il luy plaist,
Il sort tout à fait de luy-méme,
Et ce n'est plus alors Iupiter qui paroist.

LA NVIT.

Passe encor de le voir de ce sublime Etage,
Dans celuy des Hommes venir;
Prẽdre tous les trãsports que leur Cœur peut fournir,

Et se faire à leur badinage;
Si dans les changemens où son humeur l'engage,
A la Nature Humaine il s'en vouloit tenir.
Mais de voir Iupiter Taureau,
Serpent, Cygne, ou quelqu'autre chose;
Ie ne trouue point cela beau,
Et ne m'étonne pas, si par fois on en cause.

MERCVRE.

Laissons dire tous les Censeurs,
Tels changemens ont leurs douceurs,
Qui passent leur intelligence.
Ce Dieu sçait ce qu'il a fait aussi bien là qu'ailleurs;
Et dans les mouuemens de leurs tendres ardeurs,
Les Bestes ne sont pas si Bestes, que l'on pense.

LA NVIT.

Reuenons à l'Objet, dont il a les faueurs.
Si par son stratagéme, il voit sa flame heureuse,
Que peut-il souhaiter? & qu'est-ce que ie puis?

MERCVRE.

Que vos Cheuaux par vous au petit pas reduits,
Pour satisfaire aux voeux de son Ame amoureuse,
D'vne Nuit si délicieuse,
Fassent la plus longue des Nuits.
Qu'à ses transports vous donniez plus d'espace;
Et retardiez la naissance du Iour,
Qui doit auancer le retour
De celuy, dont il tient la place.

LA NVIT.

Voila sans doute vn bel Employ,
Que le Grand Iupiter m'apreste:
Et l'on donne vn nom fort honneste
Au seruice qu'il veut de moy.

MERCVRE.

Pour vne jeune Déesse,

Vous estes bien du bon temps!
Vn tel Employ n'est bassesse,
Que chez les petites Gens.
Lors que dans vn haut Rang on a l'heur de paroistre,
Tout ce qu'on fait est toûjours bel, & bon;
Et suiuant ce qu'on peut estre,
Les choses changent de nom.

LA NVIT.

Sur de pareilles matieres,
Vous en sçauez plus que moy:
Et pour accepter l'Employ,
I'en veux croire vos lumieres.

MERCVRE.

Hé, la, la, Madame la Nuit,
Vn peu doucement ie vous prie,
Vous auez dans le Monde vn bruit,
De n'estre pas si rencherie,
On vous fait Confidente en cent Climats diuers,
De beaucoup de bonnes Affaires;
Et ie crois, à parler à sentimens ouuerts,
Que nous ne nous en deuons gueres.

LA NVIT.

Laissons ces contrarietez,
Et demeurons ce que nous sommes.
N'apprestons point à rire aux Hommes,
En nous disant nos veritez.

MERCVRE.

Adieu, ie vais là-bas, dans ma Commission,
Dépoüiller promptement la forme de Mercure,
Pour y vestir la Figure
Du Valet d'Amphytrion.

LA NVIT.

Moy, dans cette Hemisphere, auec ma Suite obscure,
Ie vais faire vne Station.

MERCVRE.

Bon-jour, la Nuit.

LA NVIT.

Adieu, Mercure.

Mercure descend de son Nuage en terre, & la Nuit passe dans son Char.

ACTE PREMIER.

SCENE PREMIERE.

SOSIE.

QVi va là? Heu? Ma peur, à chaque pas s'accroist.
Messieurs, Amy de tout le Monde.
Ah! quelle audace sans seconde,
De marcher à l'heure qu'il est!
Que mon Maistre couuert de gloire,
Me jouë icy d'vn vilain tour!
Quoy! si pour son Prochain il auoit quelque amour,
M'auroit-il fait partir par vne Nuit si noire?
Et pour me renuoyer anoncer son retour,
Et le détail de sa Victoire,
Ne pouuoit-il pas bien attendre qu'il fut jour?
Sosie, à quelle seruitude
Tes jours sont-ils assujettis!
Nostre Sort est beaucoup plus rude
Chez les Grands, que chez les Petits.
Ils veulent que pour eux tout soit dans la Nature
Obligé de s'immoler.

Iour & Nuit, Gresle, Vent, Péril, Chaleur, Froidure,
Dés qu'ils parlent, il faut voler.
Vingt ans d'assidu seruice,
N'en obtiennent rien pour nous:
Le moindre petit caprice
Nous attire leur courroux.
Cependant nostre Ame insensée
S'acharne au vain honneur de demeurer pres d'eux;
Et s'y veut contenter de la fausse pensée,
Qu'ont tous les autres Gens que nous sõmes heureux.
Vers la retraite en vain la Raison nous appelle;
En vain nostre dépit quelquefois y consent:
Leur veuë a sur nostre zele
Vn ascendant trop puissant;
Et la moindre faueur d'vn coup d'œil caressant,
Nous rengage de plus belle.
Mais enfin, dans l'obscurité,
Ie voy nostre Maison, & ma frayeur s'éuade.
Il me faudroit, pour l'Ambassade,
Quelque Discours premedité.
Ie dois aux yeux d'Alcméne vn Portrait-Militaire
Du grand Combat qui met nos Ennemis à bas:
Mais comment diantre le faire,
Si ie ne m'y trouuay pas?
N'importe, parlons-en, & d'estoc, & de taille,
Comme oculaire témoin:
Combien de Gens font-ils des Recits de Bataille,
Dont ils se sont tenus loin?
Pour joüer mon Rôle sans peine,
Ie le veux vn peu repasser:
Voicy la Châbre, où i'entre en Courrier que l'õ meine,
Et cette Lanterne est Alcméne,
A qui ie me dois adresser.

Il pose sa Lanterne à terre, & luy adresse son cõpliment.

Madame, Ampihtryon, mõ Maistre, & vôtre Epous...
Bon ! beau début ! L'Esprit toûjours plein de vos
M'a voulu choisir entre tous, (charmes,
Pour vous donner auis du succés de ses Armes,
Et du desir qu'il a de se voir pres de vous.
Ha! vrayment, mon pauure Sosie,
A te renoir, i'ay de la joye au Cœur.
Madame, ce m'est trop d'honneur,
Et mon destin doit faire enuie.
Bien répondu ! *Comment se porte Amphitryon?*
Madame, en Homme de courage,
Dans les occasions, où la Gloire l'engage.
Fort bien ! belle conception !
Quand viendra-t'il, par son retour charmant,
Rendre mon Ame satisfaite ?
Le plûtost qu'il pourra, Madame, assûrément;
Mais bien plus tard que son Cœur ne souhaite.
Ah! *Mais quel est l'état, où la Guerre l'a mis?*
Que dit-il? que fait-il? contente vn peu mon Ame.
Il dit moins qu'il ne fait, Madame,
Et fait trembler les Ennemis.
Peste! où prend mon Esprit toutes ces gentillesses?
Que font les reuoltez? dy-moy, quel est leur sort?
Ils n'ont pû resister, Madame, à nostre effort:
Nous les auons taillez en pieces,
Mis Pterelas leur Chef à mort;
Pris Telebe d'assaut, & déja dans le Port
Tout retentit de nos proüesses.
Ah! quel succés! ô Dieux! qui l'eut pû iamais croire?
Raconte-moy, Sosie, vn tel éuenement.
Ie le veux bien, Madame, & sans m'enfler de gloire,
Du détail de cette Victoire
Ie puis parler tres-sçauamment.

Figurez-vous donc que Telebe,
Madame, est de ce costé:
C'est vne Ville, en verité,
Aussi grande quasi que Thebe.
La Riuiere est comme là.
Icy nos Gens se camperent:
Et l'espace que voila,
Nos Ennemis l'occuperent,
Sur vn haut, vers cet endroit,
Estoit leur Infanterie;
Et plus bas, du costé droit,
Estoit la Caualerie.

Il marque les Lieux sur sa main, ou à terre.

Apres auoir aux Dieux adressé les Prieres,
Tous les Ordres donnez, on donne le Signal.
Les Ennemis pensant nous tailler des croupieres,
Firent trois pelotons de leurs Gens à cheual:
Mais leur chaleur par nous fut bientost réprimée,
Et vous allez voir comme quoy.
Voila nostre Auantgarde, à bien faire animée;
Là les Archers de Creon nostre Roy;
Et voicy le Corps d'Armée,
Qui d'abord,.... Attendez, le Corps d'Armée a peur.
I'entens quelque bruit, ce me semble.

On fait vn peu de bruit.

SCENE

SCENE II.

MERCVRE, SOSIE.

MERCVRE *sous la forme de Sosie.*

SOus ce minois, qui luy ressemble,
Chassons de ces Lieux ce Causeur;
Dont l'abord importun troubleroit la douceur,
Que nos Amans goûtent ensemble.

SOSIE.

Mon Cœur tant soit peu se rassure;
Et ie pense que ce n'est rien.
Crainte pourtant de sinistre auanture,
Allons chez nous acheuer l'Entretien.

MERCVRE.

Tu seras plus fort que Mercure,
Ou ie t'en empescheray bien.

SOSIE.

Cette Nuit, en longueur, me semble sans pareille:
Il faut depuis le temps que ie suis en chemin,
Ou que mon Maistre ait pris le soir pour le matin,
Ou que trop tard au Lit le blond Phébus sommeille,
Pour auoir trop pris de son Vin.

MERCVRE.

Comme auec irréuerence
Parle des Dieux ce Maraut!
Mon Bras sçaura bien tantost
Chastier cette insolence;
Et ie vais m'égayer auec luy comme il faut,
En luy volant son Nom, auec sa Ressemblance.

SOSIE.

Ah! par ma foy, i'auois raison!
C'est fait de moy, chetiue Creature,
Ie voy deuant nostre Maison,
Certain Homme, dont l'encolure
Ne me présage rien de bon.
Pour faire semblant d'asseurance,
Ie veux chanter vn peu d'icy. *Il chante; & lors que Mercure parle, sa voix s'affoiblit peu à peu.*

MERCVRE.

Qui donc est ce Coquin, qui prend tant de licence,
Que de chanter, & m'étourdir ainsy?
Veut-il qu'à l'étriller, ma Main vn peu s'applique?

SOSIE.

Cet Homme, assurément, n'aime pas la Musique.

MERCVRE.

Depuis plus d'vne Semaine,
Ie n'ay trouué Personne à qui rompre les os.
La vertu de mon Bras se perd dans le repos;
Et ie cherche quelque Dos,
Pour me remettre en haleine.

SOSIE.

Quel diable d'Homme est-ce-cy?
De mortelles frayeurs ie sens mon Ame atteinte.
Mais pourquoy trembler tant aussy?
Peut-estre a-t'il dãs l'Ame autãt que moy de crainte;
Et que le Drole parle ainsy,
Pour me cacher sa peur, sous vne audace feinte.
Oüy, oüy, ne souffrõs point qu'õ nous croye vn Oyson.
Si ie ne suis hardy, tâchons de le paroistre.
Faisons-nous du Cœur, par raison.
Il est seul comme moy, ie suis fort, i'ay bon Maistre,
Et voila nostre Maison.

MERCVRE.

Qui va là?

SOSIE.

Moy.

MERCVRE.

Qui, moy?

SOSIE.

Moy. Courage, Sosie.

MERCVRE.

Quel est ton sort, dy-moy?

SOSIE.

D'estre Homme, & de parler.

MERCVRE.

Es-tu Maistre, ou Valet?

SOSIE.

Comme il me prend enuie.

MERCVRE.

Où s'adressent tes pas?

SOSIE.

Où i'ay dessein d'aller.

MERCVRE.

Ah! cecy me déplaist.

SOSIE.

I'en ay l'Ame rauie.

MERCVRE.

Résolument, par force, ou par amour,
Ie veux sçauoir de toy, Traistre,
Ce que tu fais, d'où tu viens auant jour,
Où tu vas, à qui tu peux estre.

SOSIE.

Ie fais le bien, & le mal, tour à tour:
Ie viens de là, vais là, i'appartiens à mon Maistre.

MERCVRE.

Tu montres de l'Esprit, & ie te vois en train

De trancher auec moy de l'Homme d'importance,
Il me prend vn desir, pour faire connoissance,
De te donner vn Soufflet de ma Main.

SOSIE.

A moy-mesme?

MERCVRE.

A toy-mesme, & t'en voila certain.

Il luy donne vn Soufflet.

SOSIE.

Ah, ah, c'est tout de bon!

MERCVRE.

Non, ce n'est que pour rire,
Et répondre à tes Quolibets.

SOSIE.

Tudieu, l'Amy, sans vous rien dire,
Comme vous baillez des Soufflets!

MERCVRE.

Ce sont là de mes moindres coups;
De petits Soufflets ordinaires.

SOSIE.

Si i'estois aussi prompt que vous,
Nous ferions de belles affaires.

MERCVRE.

Tout cela n'est encor rien,
Pour y faire quelque pause:
Nous verrons bien autre chose;
Poursuiuons nostre Entretien.

SOSIE. *Il veut s'en aller.*

Ie quitte la Partie.

MERCVRE.

Où vas-tu?

SOSIE.

Que t'importe?

MERCVRE.

Ie veux sçauoir où tu vas.

SOSIE.

Me faire ouurir cette Porte:
Pourquoy retiens-tu mes pas?

MERCVRE.

Si jusqu'à l'approcher tu pousses ton audace,
Ie fais sur toy pleuuoir vn Orage de coups.

SOSIE.

Quoy! tu veux, par ta menace,
M'empescher d'entrer chez nous?

MERCVRE.

Comment, chez nous!

SOSIE.

Oüy, chez nous.

MERCVRE.

O le Traistre!
Tu te dis de cette Maison?

SOSIE.

Fort bien. Amphitryon n'en est-il pas le Maistre?

MERCVRE.

Hé bien, que fait cette raison?

SOSIE.

Ie suis son Valet.

MERCVRE.

Toy?

SOSIE.

Moy.

MERCVRE.

Son Valet?

SOSIE.

Sans doute.

MERCVRE.

Valet d'Amphitryon?

SOSIE.

D'Amphitryon; de luy.

MERCVRE.

Ton Nom est?

SOSIE.

Sosie.

MERCVRE.

Heu? Comment?

SOSIE.

Sosie.

MERCVRE.

Ecoute.

Sçais-tu que de ma Main je t'assomme aujourd'huy?

SOSIE.

Pourquoy? De quelle rage est ton Ame saisie?

MERCVRE.

Qui te donne, dy-moy, cette temerité,
De prendre le Nom de Sosie?

SOSIE.

Moy, ie ne le prens point, ie l'ay toûjours porté.

MERCVRE.

O le mensonge horrible! & l'impudence extréme!
Tu m'oses soûtenir, que Sosie est ton Nom?

SOSIE.

Fort bien, ie le soûtiens; par la grande raison,
Qu'ainsi l'a fait des Dieux la Puissance supréme:
Et qu'il n'est pas en moy de pouuoir dire non,
Et d'estre vn autre, que moy-méme.

Mercure le bat. MERCVRE.

Mille coups de Baston doiuent estre le prix
D'vne pareille éfronterie.

SOSIE.

Iustice, Citoyens! au secours, ie vous prie!

MERCVRE.

Comment, Bourreau, tu fais des cris?

SOSIE.

De mille coups tu me meurtris,
Et tu ne veux pas que ie crie?

MERCVRE.

C'est ainsi que mon Bras.....

SOSIE.

L'action ne vaut rien.
Tu triomphes de l'auantage,
Que te donne sur moy mon manque de courage,
Et ce n'est pas en vser bien,
C'est pure Fanfaronnerie,
De vouloir profiter de la Poltronnerie
De ceux qu'attaque nostre Bras.
Battre vn Hôme à jeu seur, n'est pas d'vne belle Ame;
Et le Cœur est digne de blâme,
Contre les Gens qui n'en ont pas.

MERCVRE.

Hé bien, es-tu Sosie à present? qu'en dis-tu?

SOSIE.

Tes coups n'ōt point en moy fait de metamorphose;
Et tout le changement que ie trouue à la chose,
C'est d'estre Sosie battu.

MERCVRE.

Encor: Cēt autres coups pour cette autre impudēce.

SOSIE.

De grace, fais tréue à tes coups.

MERCVRE.

Fais donc tréue à ton insolence.

SOSIE.

Tout ce qu'il te plaira; ie garde le silence:
La dispute est par trop inégale entre nous;

MERCVRE.

Es-tu Sosie encor? dy, Traistre!

SOSIE.

Helas! ie suis ce que tu veux,
Dispose de mon sort, tout au gré de tes vœux;
Ton Bras t'en a fait le Maistre.

MERCVRE.

Ton Nom estoit Sosie, à ce que tu disois.

SOSIE.

Il est vray, jusqu'icy i'ay crû la chose claire:
Mais ton Baston, sur cette affaire,
M'a fait voir que ie m'abusois.

MERCVRE.

C'est moy qui suis Sosie; & tout Thebe l'auoüe.
Amphitryon iamais n'en eut d'autre que moy.

SOSIE.

Toy Sosie?

MERCVRE.

Oüy Sosie; & si quelqu'vn s'y joüe,
Il peut bien prendre garde à soy.

SOSIE.

Ciel! me faut-il ainsi renoncer à moy-méme;
Et par vn Imposteur me voir voler mon Nom?
Que son bonheur est extréme,
De ce que ie suis Poltron!
Sans cela, par la mort....

MERCVRE.

Entre tes dents, ie pense,
Tu murmures ie ne sçay quoy?

SOSIE.

Non; mais au nom des Dieux, dône-moy la licence
De parler vn moment à toy.

MERCVRE.

Parle.

SOSIE.

Mais promets moy de grace,
Que les coups n'en seront point,
Signons vne Tréue.

MERCVRE.

Passe;
Va, ié t'accorde ce poinct.

SOSIE.

Qui te jette, dy-moy, dans cette fantaisie?
Que te reuiendrat-il, de m'enleuer mon Nom?
Et peux-tu faire enfin, quand tu serois Démon,
Que ie ne sois pas Moy? que ie ne sois Sosie?

MERCVRE.

Comment, tu peux....

SOSIE.

Ah! tout doux:
Nous auons fait tréue aux coups.

MERCVRE.

Quoy! Pendart, Imposteur, Coquin,...

SOSIE.

Pour des injures,
Dy-m'en tant que tu voudras:
Ce sont legeres blessures;
Et ie ne m'en fâche pas.

MERCVRE.

Tu te dis Sosie!

SOSIE.

Oüy, quelque conte friuole....

MERCVRE.

Sus, ie romps nostre tréue, & reprens ma parole.

SOSIE.

N'importe, ie ne puis m'aneantir pour toy;
Et souffrir vn discours, si loin de l'apparence.
Estre ce que ie suis, est-il en ta puissance?

Et puis-je cesser d'estre Moy?
S'auisa-t'on iamais d'vne chose pareille!
Et peut-on démentir cent Indices pressans?
Réué-je? est-ce que ie sommeille?
Ay-je l'Esprit troublé par des transports puissans?
Ne sens-je pas bien que ie veille?
Ne suis-je pas dans mon bon sens?
Mon Maistre Amphitryon, ne m'a-t'il pas commis,
A venir, en ces Lieux, vers Alcméne sa Femme?
Ne luy dois-je pas faire, en luy vantant sa flame,
Vn Recit de ses Faits contre nos Ennemis?
Ne suis-je pas du Port arriué tout à l'heure?
Ne tiens-je pas vne Lanterne en main?
Ne te trouué-je pas deuant nostre Demeure?
Ne t'y parlé-je pas d'vn Esprit tout humain?
Ne te tiens-tu pas fort de ma Poltronnerie,
Pour m'empescher d'entrer chez nous?
N'as-tu pas sur mon Dos exercé ta Furie?
Ne m'as-tu pas roüé de coups?
Ah! tout cela n'est que trop veritable.
Et, plût au Ciel, le fut-il moins!
Cesse donc d'insulter au sort d'vn Misérable;
Et laisse à mon deuoir s'acquiter de ses soins.

MERCVRE.

Arreste: ou sur ton Dos le moindre pas attire
Vn assommant éclat de mon juste courroux.
Tout ce que tu viens de dire,
Est à moy, hormis les coups.
C'est moy qu'Amphitryon députe vers Alcméne,
Et qui du Port Persique arriue de ce pas.
Moy qui viens anoncer la valeur de son Bras,
Qui nous fait remporter vne Victoire pleine,
Et de nos Ennemis a mis le Chef à bas.
C'est moy qui suis Sosie enfin, de certitude,

Fils de Daue, honneste Berger;
Frere d'Arpage, mort en Païs étranger;
Mary de Cleanthis la prude,
Dont l'humeur me fait enrager.
Qui dans Thebé ay receu mille coups d'éttriuiere,
Sans en auoir iamais dit rien.
Et jadis en Public, fus marqué par derriere,
Pour estre trop Homme de bien.

SOSIE.

Il a raison. A moins d'estre Sosie,
On ne peut pas sçauoir tout ce qu'il dit.
Et dans l'étonnement, dont mon Ame est saisie,
Ie commence, à mon tour, à le croire vn petit.
En effet, maintenant que ie le considére,
Ie voy qu'il a de moy, taille, mine, action.
Faisons-luy quelque Question,
Afin d'éclaircir ce mystere.
Parmy tout le Butin fait sur nos ennemis,
Qu'est-ce qu'Amphitryon obtient pour son partage?

MERCVRE.

Cinq fort gros Diamans, en nœud proprement mis;
Dont leur Chef se paroit, comme d'vn rare Ouurage.

SOSIE.

A qui destine-t'il vn si riche Présent?

MERCVRE.

A sa Femme; & sur elle il le veut voir paroistre.

SOSIE.

Mais où, pour l'apporter, est-il mis à present?

MERCVRE.

Dans vn Coffret, scellé des Armes de mon Maistre.

SOSIE.

Il ne ment pas d'vn mot, à chaque repartie,
Et de moy ie commence à douter tout de bon.
Pres de moy, par la force, il est déja Sosie:

Il pourroit bien encor l'estre, par la raison.
Pourtant, quand ie me tâte, & que ie me rapelle,
Il me semble que ie suis Moy.
Où puis-je rencontrer quelque clarté fidelle,
Pour démesler ce que ie voy?
Ce que i'ay fait tout seul, & que n'a veu personne,
A moins d'estre Moy-mesme, on ne le peut sçauoir.
Par cette Question, il faut que ie l'étonne:
C'est dequoy le confondre, & nous allons le voir.
Lorsqu'on estoit aux mains, que fis-tu dâs nos Tentes
Où tu courus seul te fourrer?

MERCVRE.

D'vn Iambon....

SOSIE.

L'y voila!

MERCVRE.

Que i'allay déterrer,
Ie coupay brauement deux Tranches suculentes,
Dont ie sçeus fort bien me bourrer.
Et joignant à cela d'vn Vin que l'on ménage,
Et dont auant le goust, les yeux se contentoient;
Ie pris vn peu de courage,
Pour nos Gens qui se battoient.

SOSIE.

Cette preuue sans pareille,
En sa faueur conclut bien;
Et l'on n'y peut dire rien,
S'il n'estoit dans la Bouteille.
Ie ne sçaurois nier, aux preuues qu'on m'expose,
Que tu ne sois Sosie; & i'y donne ma voix.
Mais si tu l'es, dy-moy qui tu veux que ie sois;
Car encor faut-il bien que ie sois quelque chose.

MERCVRE.

Quand ie ne seray plus Sosie,

Sois-le,

Sois-le, i'en demeure d'accord.
Mais tant que ie le suis, ie te garantis mort,
Si tu prens cette fantaisie.

SOSIE.

Tout cet embarras met mon Esprit sur les dents,
Et la Raison, à ce qu'on voit s'oppose.
Mais il faut terminer enfin par quelque chose,
Et le plus court pour moy, c'est d'entrer là-dedans.

MERCVRE.

Ah! tu prens donc, Pendart, goust à la Bastonnade?

SOSIE.

Ah! qu'est-ce-cy, grãds Dieux! il frape vn tõ plus fort,
Et mon Dos, pour vn mois, en doit estre malade.
Laissons ce diable d'Hõme; & retournons au Port.
O juste Ciel! i'ay fait vne belle Ambassade!

MERCVRE.

Enfin, ie l'ay fait fuir; & sous ce traitement,
De beaucoup d'actions, il a receu la peine.
Mais ie voy Iupiter, que fort ciuilement
Reconduit l'amoureuse Alcméne.

SCENE III.

IVPITER, ALCMENE, CLEANTHIS, MERCVRE.

IVPITER.

DEfendez, chere Alcméne, aux Flambeaux d'aprocher;
Ils m'offrent des plaisirs, en m'offrant vostre veuë:

O

Mais ils pourroient icy déconurir ma venuë,
Qu'il est à propos de cacher.
Mon amour, que gesnoient tous ces soins éclatans,
Où me tenoit lié la gloire de nos Armes,
Au deuoir de ma Charge, a volé les instans,
Qu'il vient de donner à vos charmes.
Ce vol, qu'à vos Beautez mon Cœur a consacré,
Pourroit estre blâmé dans la bouche publique;
Et i'en veux, pour témoin vnique,
Celle qui peut m'en sçauoir gré.

ALCMENE.

Ie prens, Amphitryon, grande part à la gloire,
Que répandent sur vous vos illustres Exploits;
Et l'éclat de vostre Victoire
Sçait toucher de mon Cœur les sensibles endroits,
Mais quand ie voy que cet honneur fatal
Eloigne de moy ce que i'aime,
Ie ne puis m'empescher dans ma tendresse extréme,
De luy vouloir vn péu de mal;
Et d'opposer mes vœux à cet Ordre supréme,
Qui des Thebains vous fait le General.
C'est vne douce chose, apres vne Victoire,
Que la Gloire, où l'on voit ce qu'on aime éleué:
Mais parmy les périls meslez à cette Gloire,
Vn triste coup, helas! est bientost arriué.
De combien de frayeurs a-t-on l'Ame blessée,
Au moindre choc dont on entend parler?
Voit-on, dans les horreurs d'vne telle pensée,
Par où iamais se consoler
Du coup, dont on est menacée?
Et de quelque Laurier qu'on courône vn Vainqueur;
Quelque part que l'on ait à cet honneur supréme;
Vaut-il ce qu'il en couste aux tendresses d'vn Cœur,
Qui peut, à tout momẽt, trembler pour cequ'il aime?

IVPITER.

Ie ne voy rien en vous, dōt mon feu ne s'augmente.
Tout y marque à mes yeux vn Cœur bien enflamé;
Et c'est, ie vous l'auouë, vne chose charmante,
De trouuer tant d'amour dans vn Objet aimé.
Mais, si ie l'ose dire, vn scrupule me gesne,
Aux tendres sentimens que vous me faites voir;
Et pour les bien goûter, mon amour, chere Alcméne,
Voudroit n'y voir entrer, rien de vostre deuoir;
Qu'à vostre seule ardeur; qu'à ma seule personne,
Ie dûsse les faueurs que ie reçois de vous;
Et que la qualité que i'ay de vostre Epous,
Ne fust point ce qui me les donne.

ALCMENE.

C'est de ce Nom pourtāt, que l'ardeur qui me brûle,
Tient le droict de paroistre au jour;
Et ie ne comprens rien à ce nouueau scrupule,
Dont s'embarrasse vostre amour.

ALCMENE.

Ah! ce que i'ay pour vous d'ardeur, & de tendresse,
Passe aussi celle d'vn Epous;
Et vous ne sçauez pas, dans des momens si dous,
Quelle en est la délicatesse.
Vous ne cōceuez point qu'vn Cœur bien amoureux,
Sur cent petits égards s'attache auec étude;
Et se fait vne inquiétude,
De la maniere d'estre heureux.
En moy, belle, & charmante Alcméne,
Vous voyez vn Mary; vous voyez vn Amant:
Mais l'Amant seul me touche, à parler franchement;
Et ie sens prés de vous, que le Mary le gesne.
Cet Amant, de vos vœux, jalous au dernier poinct,
Souhaite qu'à luy seul vostre Cœur s'abandonne;
Et sa passion ne veut point,

De ce que le Mary luy donne.
Il veut, de pure source, obtenir vos ardeurs;
Et ne veut rien tenir des nœuds de l'Hymenée:
Rien d'vn fâcheux deuoir, qui fait agir les Cœurs,
Et par qui, tous les jours, des plus chetes faueurs,
La douceur est empoisonnée.
Dans le scrupule enfin, dont il est combattu,
Il veut, pour satisfaire à sa délicatesse,
Que vous le sépariez d'auec ce qui le blesse;
Que le Mary ne soit que pour vostre vertu;
Et que de vostre Cœur, de bonté reuestu,
L'Amant ait tout l'amour, & toute la tendresse.

ALCMENE.

Amphitryon, en verité,
Vous vous moquez, de tenir ce langage:
Et i'aurois peur qu'on ne vous crût pas sage,
Si de quelqu'vn vous estiez écouté.

IVPITER.

Ce discours est plus raisonnable,
Alcméne, que vous ne pensez:
Mais vn plus long séjour me rendroit trop coupable,
Et du retour au Port, les momens sont pressez.
Adieu, de mon deuoir l'étrange barbarie,
Pour vn temps, m'arrache de vous.
Mais, belle Alcméne, au moins, quand vous verrez (l'Epous,
Songez à l'Amant, ie vous prie.

ALCMENE.

Ie ne separe point ce qu'vnissent les Dieux;
Et l'Épous, & l'Amant, me sont fort précieux.

CLEANTHIS.

O Ciel! que d'aimables caresses
D'vn Epous ardemment chery!
Et que mon traistre de Mary
Est loin de toutes ces tendresses!

MERCVRE.

La Nuit, qu'il me faut auertir,
N'a plus qu'à plier tous ses voiles;
Et pour effacer les Etoiles,
Le Soleil, de son Lit, peut maintenant sortir.

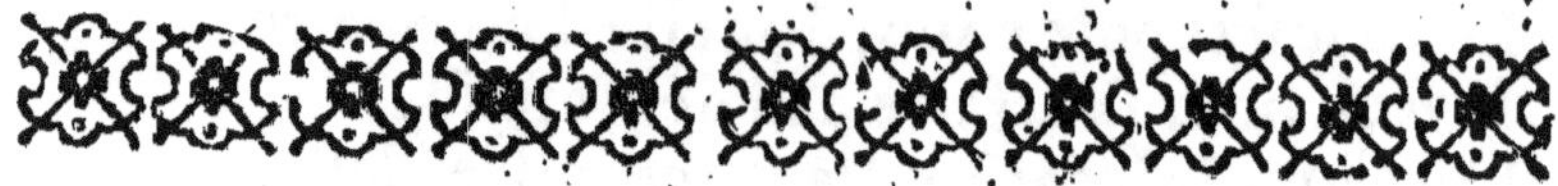

SCENE IV.

CLEANTHIS, MERCVRE.

Mercure veut s'en aller.

CLEANTHIS.

Q Voy! c'est ainsi que l'on me quitte?

MERCVRE.

Et comment donc? ne veux-tu pas,
Que de mon deuoir ie m'acquite?
Et que d'Amphitryon i'aille suiure les pas?

CLEANTHIS.

Mais auec cette brusquerie,
Traistre, de moy te separer!

MERCVRE.

Le beau sujet de fâcherie!
Nous auons tant de temps ensemble à demeurer.

CLEANTHIS.

Mais quoy! partir ainsi d'vne façon brutale,
Sans me dire vn seul mot de douceur pour regale?

MERCVRE.

Diantre, où veux-tu que mon Esprit
T'aille chercher des fariboles?
Quinze ans de Mariage épuisent les paroles;
Et depuis vn longtemps, nous nous sommes tout dit.

CLEANTHIS.

Regarde, Traistre, Amphitryon,
Voy combien, pour Alcméne, il étale de flame,
Et rougis là-dessus, du peu de passion,
Que tu témoignes pour ta Femme.

MERCVRE.

Hé, mon Dieu, Cleanthis, ils sont encore Amans.
Il est certain âge où tout passe:
Et ce qui leur sied bien dans ces commencemens,
En nous, vieux Mariez, auroit mauuaise grace.
Il nous feroit beau voir attachez, face à face,
A pousser les beaux Sentimens!

CLEANTHIS.

Quoy! suis-je hors d'état, Perfide, d'esperer
Qu'vn Cœur auprés de moy soûpire?

MERCVRE.

Non, ie n'ay garde de le dire:
Mais ie suis trop Barbon, pour oser soûpirer;
Et ie ferois creuer de rire.

CLEANTHIS.

Merites-tu, Pendart, cet insigne bonheur,
De te voir, pour Epouse, vne Femme d'honneur?

MERCVRE.

Mon Dieu, tu n'es que trop honneste:
Ce grand honneur ne me vaut rien.
Ne sois point si Femme de bien;
Et me romps vn peu moins la teste.

CLEANTHIS.

Comment! de trop bien viure, on te voit me blâmer?

MERCVRE.

La douceur d'vne Femme est tout ce qui me charme;
Et ta vertu fait vn vacarme,
Qui ne cesse de m'assommer.

CLEANTHIS.

Il te faudroit dés Cœurs pleins de fausses tendresses,
De ces Femmes aux beaux & loüables talens,
Qui sçauent accabler leurs Maris de caresses,
Pour leur faire aualer l'vsage des Galans.

MERCVRE.

Ma foy, veux-tu que ie te dise?
Vn mal d'opinion, ne touche que les Sots.
Et ie prendrois pour ma Deuise,
Moins d'honneur, & plus de repos.

CLEANTHIS.

Comment! tu souffrirois, sans nulle répugnance,
Que i'aimasse vn Galant auec toute licence?

MERCVRE.

Oüy, si ie n'estois plus de tes cris rebattu;
Et qu'on te vist changer d'humeur & de méthode,
I'aime mieux vn Vice commode,
Qu'vne fatigante Vertu.
Adieu, Cleanthis, ma chere Ame,
Il me faut suiure Amphitryon.

Il s'en va. CLEANTHIS.

Pourquoy, pour punir cet Infame,
Mon Cœur n'a-t-il assez de résolution?
Ah! que dans cette occasion,
I'enrage d'estre honneste Femme!

Fin du Premier Acte.

ACTE II.

SCENE PREMIERE.

AMPHITRYON, SOSIE.

AMPHITRYON.

VIEN ÇA, Bourreau, vien-ça. Sçais-tu, Maistre Fripon,
Qu'à te faire assommer, ton discours peut suffire?
Et que pour te traitter comme ie le desire,
Mon courroux n'attend qu'vn Baston?

SOSIE.

Si vous le prenez sur ce ton,
Monsieur, ie n'ay plus rien à dire;
Et vous aurez toûjours raison.

AMPHITRYON.

Quoy! tu veux me donner pour des veritez, Traistre,
Des contes que ie vois d'extrauagance outrez?

SOSIE.

Non, ie suis le Valet, & vous estes le Maistre;

Il n'en ſera, Monſieur, que ce que vous voudrez.

AMPHITRYON.

Çà, ie veux étouffer le courroux qui m'enflame,
Et, tout du long, t'oüir ſur ta Commiſſion.
Il faut, auant que voir ma Femme,
Que ie débroüille icy cette confuſion.
Rapelle tous tes ſens; rentre bien dans ton Ame;
Et répons, mot pour mot, à chaque Queſtion.

SOSIE.

Mais de peur d'incongruité,
Dites-moy, de grace, à l'auance,
De quel air il vous plaiſt que cecy ſoit traitté.
Parleray-je, Monſieur, ſelon ma conſcience;
Ou comme auprés des Grands on le voit vſité?
Faut-il dire la verité;
Ou bien vſer de complaiſance?

AMPHITRYON.

Non, ie ne te veux obliger,
Qu'à me rendre de tout vn conte fort ſincére.

SOSIE.

Bon, c'eſt aſſez; laiſſez-moy faire:
Vous n'auez qu'à m'interroger.

AMPHITRYON.

Sur l'ordre que tantoſt ie t'auois ſçeu preſcrire?

SOSIE.

Ie ſuis party; les Cieux, d'vn noir creſpe voilez,
Peſtant fort contre vous dans ce fâcheux martyre,
Et maudiſſant vingt fois l'ordre dont vous parlez.

AMPHITRYON.

Comment, Coquin?

SOSIE.

Monſieur, vous n'auez rien qu'à dire,
Ie mentiray, ſi vous voulez.

AMPHITRYON.

Voila comme vn Valet montre pour nous du zele.
Passons. Sur les chemins, que t'est-il arriué?

SOSIE.

D'auoir vne frayeur mortelle,
Au moindre Objet que i'ay trouué.

AMPHITRYON.

Poltron!

SOSIE.

En nous formant, Nature a ses caprices.
Diuers panchans en nous elle fait obseruer,
Les vns à s'exposer, trouuent mille delices:
Moy, i'en trouue à me conseruer.

AMPHITRYON.

Arriuant au Logis?

SOSIE.

I'ay deuant nostre Porte,
En moy-mesme voulu répéter vn petit,
Sur quel ton, & de quelle sorte,
Ie ferois du Combat le glorieux Recit.

AMPHITRYON.

En suite?

SOSIE.

On m'est venu troubler, & mettre en peine.

AMPHITRYON.

Et qui?

SOSIE.

Sosie, vn Moy, de vos ordres jalous,
Que vous auez du Port enuoyé vers Alcméne,
Et qui de nos secrets a connoissance pleine,
Comme le Moy qui parle à Vous.

AMPHITRYON.

Quels contes!

SOSIE.

Non, Monsieur, c'est la verité pure.
Ce Moy, plutost que Moy, s'est au Logis trouué:
Et i'estois venu, ie vous jure,
Auant que ie fusse arriué.

AMPHITRYON.

D'où peut proceder, ie te prie,
Ce galimatias maudit?
Est-ce songe? est-ce yurognerie?
Alienation d'Esprit?
Ou méchante plaisanterie?

SOSIE.

Non, c'est la chose comme elle est,
Et point du tout conte friuole.
Ie suis Homme d'honneur, i'en donne ma parole,
Et vous m'en croirez, s'il vous plaist.
Ie vous dy que croyant n'estre qu'vn seul Sosie,
Ie me suis trouué deux chez nous.
Et que de ces deux Moy piquez de jalousie,
L'vn est à la Maison, & l'autre est auec Vous.
Que le Moy que voicy, chargé de lassitude,
A trouué l'autre Moy, frais, gaillard, & dispos,
Et n'ayant d'autre inquiétude,
Que de battre & casser des os.

AMPHITRYON.

Il faut estre, ie le confesse,
D'vn Esprit bien posé, bien tranquile, bien dous,
Pour souffrir qu'vn Valet, de Chansons me repaisse.

SOSIE.

Si vous vous mettez en courrous,
Plus de conference entre nous;
Vous sçauez que d'abord tout cesse.

AMPHITRYON.

Non, sans emportement, ie te veux écouter,

Ie l'ay promis. Mais dis, en bonne conſcience,
Au myſtere nouueau que tu me viens conter,
Eſt-il quelque ombre d'apparence?

SOSIE.

Non; vous auez raiſon; & la choſe à chacun,
Hors de créance doit paroiſtre.
C'eſt vn fait à n'y rien connoiſtre;
Vn conte extrauagant, ridicule, importun;
Cela choque le ſens commun:
Mais cela ne laiſſe pas d'eſtre.

AMPHITRYON.

Le moyen d'en rien croire, à moins qu'eſtre inſenſé?

SOSIE.

Ie ne l'ay pas crû Moy, ſans vne peine extréme.
Ie me ſuis, d'eſtre d'eux, ſenty l'Eſprit bleſſé;
Et lõgtemps, d'Impoſteur, i'ay traité ce Moy-méme.
Mais à me reconnoiſtre, enfin il m'a forcé:
I'ay veu que c'eſtoit Moy, ſans aucun ſtratagéme.
Des piez, juſqu'à la teſte, il eſt comme moy fait;
Beau, l'air noble, bien pris, les manieres charmantes;
Enfin deux goutes de Lait
Ne ſont pas plus reſſemblantes;
Et n'eſtoit que ſes mains ſont vn peu trop peſantes,
I'en ſerois fort ſatisfait.

AMPHITRYON.

A quelle patience il faut que je m'exhorte!
Mais enfin, n'es-tu pas entré dans la Maiſon?

SOSIE.

Bon, entré! Hé de quelle ſorte?
Ay-je voulu iamais entendre de raiſon?
Et ne me ſuis-je pas interdit noſtre Porte?

AMPHITRYON.

Comment donc?

SOSIE.

SOSIE.

Auec vn Baston;
Dont mon Dos ſent encor vne douleur tres-forte.

AMPHITRYON.

On t'a battu?

SOSIE.

Vrayment!

AMPHITRYON.

Et qui?

SOSIE.

Moy.

AMPHITRYON.

Toy, te battre?

SOSIE.

Oüy, Moy; non pas le Moy d'icy,
Mais le Moy du Logis, qui frape comme quatre.

AMPHITRYON.

Te confonde le Ciel, de me parler ainſy!

SOSIE.

Ce ne ſont point des Badinages.
Le Moy que i'ay trouué tantoſt,
Sur le Moy qui vous parle, a de grans auantages;
Il a le Bras fort, le Cœur haut;
I'en ay receu des témoignages:
Et ce diable de Moy m'a roſſé comme il faut,
C'eſt vn Drôle qui fait des rages.

AMPHITRYON.

Acheuons. As-tu veu ma Femme?

SOSIE.

Non.

AMPHITRYON.

Pourquoy?

SOSIE.

Par vne raiſon aſſez forte.

AMPHITRYON.

Qui t'a fait y manquer, Maraut; explique-toy?

SOSIE.

Faut-il le répéter vingt fois de mesme sorte?
Moy, vous dy-je; ce Moy plus robuste que Moy;
Ce Moy, qui s'est de force emparé de la Porte.
Ce Moy, qui m'a fait filer dous:
Ce Moy, qui le seul Moy veut estre:
Ce Moy, de Moy-mesme jalous:
Ce Moy vaillant, dont le courrous,
Au Moy Poltron s'est fait connoistre:
Enfin ce Moy qui suis chez nous:
Ce Moy, qui s'est montré mon Maistre;
Ce Moy, qui m'a roüé de coups.

AMPHITRYON.

Il faut que ce matin, à force de trop boire,
Il se soit troublé le Cerueau.

SOSIE.

Ie veux estre pendu, si i'ay beu que de l'eau:
A mon serment, on m'en peut croire.

AMPHITRYON.

Il faut donc qu'au sommeil, tes sens se soient portez?
Et qu'vn Songe fâcheux, dans ses confus mysteres,
T'ait fait voir toutes les chimeres,
Dont tu me fais des veritez.

SOSIE.

Tout aussi peu. Ie n'ay point sommeillé;
Et n'en ay mesme aucune enuie.
Ie vous parle bien éueillé,
I'estois bien éueillé ce matin, sur ma vie.
Et bien éueillé mesme estoit l'autre Sosie,
Quand il m'a si bien étrillé.

AMPHITRYON.

Suy-moy, ie t'impose silence,

C'est trop me fatiguer l'Esprit;
Et ie suis vn vray Fou, d'auoir la patience,
D'écouter d'vn Valet, les sottises qu'il dit.

SOSIE.

Tous les discours sont des sottises,
Partant d'vn Homme sans éclat.
Ce seroit paroles exquises,
Si c'estoit vn Grand qui parlast.

AMPHITRYON.

Entrons, sans dauantage attendre.
Mais Alcméne paroist auec tous ses appas:
En ce moment, sans doute, elle ne m'attend pas;
Et mon abord la va surprendre.

SCENE III.

ALCMENE, CLEANTHIS, AMPHITRYON, SOSIE.

ALCMENE.

ALlons pour mō Epous, Cleanthis, vers les Dieux;
Nous acquiter de nos hommages;
Et les remercier des succés glorieux,
Dont Thebes, par son Bras, goûte les auantages.
O Dieux!

AMPHITRYON.

Fasse le Ciel, qu'Amphitryon vainqueur,
Auec plaisir soit reueu de sa Femme;
Et que ce jour fauorable à ma flame,
Vous redonne à mes yeux, auec le mesme cœur:
Que i'y retrouue autant d'ardeur,

Que vous en raporte mon Ame.

ALCMENE.

Quoy ! de retour si-tost ?

AMPHITRYON.

Certes, c'est en ce jour,
Me donner de vos feux, vn mauuais témoignage ;
Et ce *Quoy si-tost de retour*,
En ces occasions, n'est guere le langage
D'vn Cœur bien enflâmé d'amour.
I'osois me flater en moy-meme,
Que loin de vous i'aurois trop demeuré.
L'attente d'vn retour ardemment desiré,
Donne à tous les instans vne longueur extréme ;
Et l'absence de ce qu'on aime,
Quelque peu qu'elle dure, a toûjours trop duré.

ALCMENE.

Ie ne voy.....

AMPHITRYON.

Non, Alcméne, à son impatience,
On mesure le temps en de pareils états ;
Et vous contez les momens de l'absence,
En Personne qui n'aime pas.
Lors que l'on aime comme il faut,
Le moindre éloignement nous tuë ;
Et ce dont on cherit la veuë,
Ne reuient iamais assez tost.
De vostre accueil, ie le confesse,
Se plaint icy mon amoureuse ardeur ;
Et i'attendois de vostre Cœur,
D'autres transports de joye, & de tendresse.

ALCMENE.

I'ay peine à comprendre surquoy
Vous fondez les discours que ie vous entens faire ;
Et si vous vous plaignez de moy,

Ie ne ſçay pas, de bonne foy,
Ce qu'il faut, pour vous ſatisfaire.
Hier au ſoir, ce me ſemble, à voſtre heureux retour,
On me vit témoigner vne joye aſſez tendre;
Et rendre aux ſoins de voſtre amour,
Tout ce que de mõ Cœur, vous auiez lieu d'attendre.

AMPHITRYON.

Comment?

ALCMENE.

Ne fis-je pas éclater à vos yeux,
Les ſoudains mouuemens d'vne entiere allegreſſe?
Et le tranſport d'vn Cœur peut-il s'expliquer mieux,
Au retour d'vn Epous, qu'on aime auec tendreſſe?

AMPHITRYON.

Que me dites-vous là?

ALCMENE.

Que meſme voſtre amour
Montra, de mon accueil, vne joye incroyable:
Et que m'ayant quittée à la pointe du jour,
Ie ne voy pas qu'à ce ſoudain retour,
Ma ſurpriſe ſoit ſi coupable.

AMPHITRYON.

Eſt-ce que du retour, que i'ay précipité,
Vn Songe, cette nuit, Alcméne, dans voſtre Ame,
A préuenu la verité?
Et que m'ayant, peut-eſtre, en dormant, bien traité,
Voſtre Cœur ſe croit, vers ma flame,
Aſſez amplement acquité?

ALCMENE.

Eſt-ce qu'vne vapeur, par ſa malignité,
Amphitryon, a dans voſtre Ame,
Du retour d'hyer au ſoir, broüillé la verité?
Et que du doux accueil duquel ie m'acquitay,
Voſtre Cœur prétend à ma flame,

Raüir toute l'honnesteté ?

AMPHITRYON.

Cette vapeur, dont vous me régalez,
Est vn peu, ce me semble, étrange.

ALCMENE.

C'est ce qu'on peut donner pour change,
Au Songe dont vous me parlez.

AMPHITRYON.

A moins d'vn Songe, on ne peut pas, sans doute,
Excuser ce qu'icy, vostre bouche me dit.

ALCMENE.

A moins d'vne vapeur, qui vous trouble l'Esprit,
On ne peut pas sauuer, ce que de vous i'écoute.

AMPHITRYON.

Laissons vn peu cette vapeur, Alcméne.

ALCMENE.

Laissons vn peu ce Songe, Amphitryon.

AMPHITRYON.

Sur le sujet dont il est question,
Il n'est guére de jeu, que trop loin on ne meine.

ALCMENE.

Sans doute; & pour marque certaine,
Ie commence à sentir vn peu d'émotion.

AMPHITRYON.

Est-ce donc que par là, vous voulez essayer,
A reparer l'accueil dont ie vous ay fait plainte?

ALCMENE.

Est-ce donc que par cette feinte,
Vous desirez vous égayer ?

AMPHITRYON.

Ah! de grace, cessons, Alcméne, ie vous prie;
Et parlons sérieusement.

ALCMENE.

Amphitryon, c'est trop pousser l'amusement;

Finissons cette raillerie.

AMPHITRYON.

Quoy! vous osez me soûtenir en face,
Que plutost qu'à cette heure, on m'ait icy pû voir?

ALCMENE.

Quoy! vous voulez nier auec audace,
Que dés hyer, en ces Lieux, vous vinstes sur le soir?

AMPHITRYON.

Moy, ie vins hyer?

ALCMENE.

Sans doute. Et dés deuant l'Aurore,
Vous vous en estes retourné.

AMPHITRYON.

Ciel! vn pareil debat s'est-il pû voir encore!
Et qui, de tout cecy, ne seroit étonné?
Sosie?

SOSIE.

Elle a besoin de six grains d'Elébore,
Monsieur, son Esprit est tourné!

AMPHITRYON.

Alcméne, au nom de tous les Dieux,
Ce discours a d'étranges suites,
Reprenez vos sens vn peu mieux;
Et pensez à ce que vous dites.

ALCMENE.

I'y pense meurement aussy,
Et tous ceux du Logis ont veu vostre arriuée.
I'ignore quel motif vous fait agir ainsy:
Mais si la chose auoit besoin d'estre prouuée;
S'il estoit vray qu'on pût ne s'en souuenir pas;
De qui puis-je tenir, que de vous, la nouuelle
Du dernier de tous vos Combats?
Et les cinq Diamans que portoit Ptérelas,
Qu'a fait, dans la Nuit eternelle,

Tomber l'effort de vostre Bras?
En pourroit-on vouloir vn plus seur témoignage?

AMPHITRYON.

Quoy! ie vous ay déja donné
Le Nœud de Diamans que i'eus pour mon partage,
Et que ie vous ay destiné?

ALCMENE.

Assurément. Il n'est pas difficile
De vous en bien conuaincre.

AMPHITRYON.

Et comment?

ALCMENE.

Le voicy.

AMPHITRYON.

Sosie!

SOSIE.

Elle se moque, & ie le tiens icy;
Monsieur, la feinte est inutile.

AMPHITRYON.

Le Cachet est entier.

ALCMENE.

Est-ce vne Vision?
Tenez. Trouuerez-vous cette preuue assez forte?

AMPHITRYON.

Ah Ciel! ô juste Ciel!

ALCMENE.

Allez, Amphitryon,
Vous vous moquez, d'en vser de la sorte;
Et vous en déuriez auoir confusion.

AMPHITRYON.

Romps viste ce Cachet.

SOSIE.

Ayant ouuert le Coffret.

Ma foy, la place est vuide,
Il faut que par Magie on ait sçeu le tirer:

Ou bien que de luy-mesme, il soit venu sans guide,
Vers celle qu'il a sçeu qu'on en vouloit parer.

AMPHITRYON.

O Dieux, dont le pouuoir sur les choses préside,
Quelle est cette auanture! & qu'en puis-je augurer,
Dont mon amour ne s'intimide!

SOSIE.

Si sa bouche dit vray, nous auons mesme sort;
Et de mesme que moy, Monsieur, vous estes double.

AMPHITRYON.

Tay-toy.

ALCMENE.

Surquoy vous étonner si fort?
Et d'où peut naistre ce grand trouble!

AMPHITRYON.

O Ciel! quel étrange embarras!
Ie voy des incidens qui passent la Nature;
Et mon honneur redoute vne auanture,
Que mon Esprit ne comprend pas!

ALCMENE.

Songez-vous, en tenant cette preuue sensible,
A me nier encor vostre retour pressé?

AMPHITRYON.

Non; mais à ce retour, daignez, s'il est possible,
Me conter ce qui s'est passé.

ALCMENE.

Puis que vous demandez vn recit de la chose,
Vous voulez dire donc que ce n'estoit pas vous?

AMPHITRYON.

Pardonnez-moy; mais i'ay certaine cause,
Qui me fait demander ce recit entre nous.

ALCMENE.

Les soucis importans, qui vous peuuent saisir,
Vous ont-ils fait si viste en perdre la memoire?

AMPHITRYON.

Peut-estre; mais enfin, vous me ferez plaisir
De m'en dire toute l'Histoire.

ALCMENE.

L'Histoire n'est pas longue. A vous ie m'auançay,
Pleine d'vne aimable surprise;
Tendrement ie vous embrassay;
Et témoignay ma joye, à plus d'vne reprise.

AMPHITRYON *en soy-mesme.*

Ah! d'vn si doux accueil ie me serois passé.

ALCMENE.

Vous me fistes d'abord ce Présent d'importance,
Que du Butin conquis vous m'auiez destiné.
Vostre Cœur, auec vehemence,
M'étala de ses feux toute la violence,
Et les soins importuns qui l'auoient enchaisné;
L'aise de me reuoir, les tourmens de l'absence;
Tout le soucy, que son impatience,
Pour le retour, s'estoit donné;
Et iamais vostre amour, en pareille occurence,
Ne me parut si tendre, & si passionné.

AMPHITRYON *en soy-mesme.*

Peut-on plus viuement se voir assassiné!

ALCMENE.

Tous ces transports, toute cette tendresse,
Comme vous croyez bien, ne me déplaisoient pas:
Et s'il faut que ie le confesse,
Mon Cœur, Amphitryon, y trouuoit mille appas.

AMPHITRYON.

En suite, s'il vous plaist.

ALCMENE.

Nous nous entrecoupâmes
De mille Questions, qui pouuoient nous toucher.
On seruit. Teste à teste, ensemble nous soupâmes;

Et le Soupé finy, nous nous fûmes coucher.

AMPHITRYON.

Ensemble?

ALCMENE.

Assûrément. Quelle est cette demande?

AMPHITRYON.

Ah! c'est icy le coup le plus cruel de tous!
Et dont à s'asseurer, trembloit mon feu jaloux!

ALCMENE.

D'où vous vient, à ce mot, vne rougeur si grande?
Ay-je fait quelque mal, de coucher auec vous?

AMPHITRYON.

Non, ce n'estoit pas moy, pour ma douleur sensible;
Et qui dit qu'hyer icy mes pas se sont portez,
Dit, de toutes les faussetez,
La fausseté la plus horrible.

ALCMENE.

Amphitryon!

AMPHITRYON.

Perfide!

ALCMENE.

Ah! quel emportement!

AMPHITRYON.

Non, non, plus de douceur, & plus de déference.
Ce reuers vient à bout de toute ma constance,
Et mon Cœur ne respire, en ce fatal moment,
Et que fureur, & que vangeance.

ALCMENE.

De qui donc vous vanger? & quel manque de foy,
Vous fait icy me traiter de coupable?

AMPHITRYON.

Ie ne sçay pas: mais ce n'estoit pas moy;
Et c'est vn desespoir, qui de tout rend capable,

ALCMENE.

Allez, indigne Epous, le fait parle de soy;
Et l'imposture est effroyable.
C'est trop me pousser là-dessus;
Et d'infidélité, me voir trop condamnée.
Si vous cherchez, dans ces transports confus,
Vn prétexte à briser les nœuds d'vn Hymenée,
Qui me tient à vous enchaisnée;
Tous ces détours sont superflus:
Et me voila déterminée,
A souffrir qu'en ce jour, nos liens soient rompus.

AMPHITRYON.

Apres l'indigne affront que l'on me fait connoistre,
C'est bien à quoy, sans doute, il faut vous préparer.
C'est le moins qu'ō doit voir; & les choses, peut-estre,
Pourront n'en pas là demeurer.
Le des-honneur est seur; mon malheur m'est visible,
Et mon amour en vain voudroit me l'obscurcir,
Mais le détail encor ne m'en est pas sensible;
Et mon juste courrous prétend s'en éclaircir.
Vostre Frere déja, peut hautement répondre,
Que jusqu'à ce matin, ie ne l'ay point quitté.
Ie m'en vais le chercher, afin de vous confondre,
Sur ce retour, qui m'est faussement imputé.
Apres nous percerons jusqu'au fond d'vn mystere
Iusques à present inoüy;
Et dans les mouuemens d'vne juste colere,
Malheur à qui m'aura trahy.

SOSIE.

Monsieur....

AMPHITRYON.

Ne m'accompagne pas;
Et demeure icy, pour m'attendre.

CLEANTHIS.

CLEANTHIS.

Faut-il....

ALCMENE.

Ie ne puis rien entendre:
Laiſſe-moy ſeule, & ne ſuy point mes pas.

SCENE III.

CLEANTHIS, SOSIE.

CLEANTHIS.

IL faut que quelque choſe ait broüillé ſa cervelle:
Mais le Frere, ſur le champ,
Finira cette querelle.

SOSIE.

C'eſt icy, pour mon Maiſtre, vn coup aſſez touchant;
Et ſon auanture eſt cruelle.
Ie crains fort, pour mõ fait, quelque choſe aprochãt,
Et ie m'en veux, tout doux, éclaircir auec elle.

CLEANTHIS.

Voyez s'il me viendra ſeulement aborder?
Mais ie veux m'empeſcher de rien faire paroiſtre.

SOSIE.

La choſe quelquefois eſt fâcheuſe à connoiſtre,
Et ie tremble à la demander.
Ne vaudroit-il point mieux, pour ne rien hazarder,
Ignorer ce qu'il en peut eſtre?
Allons, tout coup vaille, il faut voir,
Et ie ne m'en ſçaurois defendre.
La foibleſſe humaine eſt d'auoir
Des curioſitez d'apprendre

Ce qu'on ne voudroit pas sçauoir.
Dieu te gard', Cleanthis.

CLEANTHIS.

Ah, ah, tu t'en auises,
Traistre, de t'aprocher de nous!

SOSIE.

Mon Dieu, qu'as-tu? toûjours on te voit en courrous;
Et sur rien, tu te formalises.

CLEANTHIS.

Qu'appelles-tu sur rien? dy?

SOSIE.

I'appelle sur rien,
Ce qui sur rien s'appelle en Vers, ainsi qu'en Prose;
Et rien, comme tu le sçais bien,
Veut dire rien, ou peu de chose.

CLEANTHIS.

Ie ne sçay qui me tient, Infame,
Que ie ne t'arrache les yeux;
Et ne t'apprenne où va le courrous d'vne Femme.

SOSIE.

Hola. D'où te vient donc ce transport furieux?

CLEANTHIS.

Tu n'appelles donc rien le procedé, peut-estre,
Qu'auec moy ton Cœur a tenu?

SOSIE.

Et quel?

CLEANTHIS.

Quoy! tu fais l'ingénu!
Est-ce qu'à l'exemple du Maistre,
Tu veux dire qu'icy tu n'es pas reuenu?

SOSIE.

Non, ie sçay fort bien le contraire.
Mais ie ne t'en fais pas le fin;
Nous auions bû de je ne sçay quel Vin,

Qui m'a fait oublier tout ce que i'ay pû faire,

CLEANTHIS.

Tu crois, peut-estre, excuser par ce trait....

SOSIE.

Non, tout de bon; tu m'en peux croire.
I'estois dans vn estat, où ie puis auoir fait
Des choses, dont i'aurois regret,
Et dont ie n'ay nulle memoire.

CLEANTHIS.

Tu ne te souuiens point du tout de la maniere,
Dont tu m'as sçeu traiter, estant venu du Port?

SOSIE.

Non plus que rien. Tu peux m'en faire le raport,
Ie suis équitable, & sincére;
Et me condamneray moy-mesme, si i'ay tort,

CLEANTHIS.

Comment! Amphitryon m'ayant sçeu disposer,
Iusqu'à ce que tu vins, i'auois poussé ma veille;
Mais ie ne vis iamais vne froideur pareille:
De ta Femme, il fallut moy-mesme t'auiser;
Et lors que ie fus te baiser,
Tu détournas le nez, & me donnas l'oreille!

SOSIE.

Bon!

CLEANTHIS.

Comment, bon?

SOSIE.

Mon Dieu, tu ne sçais pas pourquoy,
Cleanthis, ie tiens ce langage.
I'auois mangé de l'Ail, & fis en Homme sage,
De détourner vn peu mon haleine de toy.

CLEANTHIS.

Ie te sçeus exprimer des tendresses de Cœur:
Mais à tous mes discours tu fus comme vne Souche,

Et iamais vn mot de douceur,
Ne te pût sortir de la bouche,
SOSIE.
Courage.
CLEANTHIS.
Enfin ma flame eut beau s'émanciper,
Sa chaste ardeur en toy ne trouua rien que glace,
Et dans vn tel retour ie te vis la tromper,
Iusqu'à faire refus de prendre au Lit la place,
Que les Loix de l'Hymen t'obligent d'occuper.
SOSIE.
Quoy! ie ne couchay point....
CLEANTHIS.
Non, Lâche.
SOSIE.
Est-il possible!
CLEANTHIS.
Traistre, il n'est que trop assuré.
C'est de tous les affronts, l'affront le plus sensible.
Et loin que ce matin, ton Cœur l'ait reparé,
Tu t'es d'auec moy separé,
Par des discours chargez d'vn mépris tout visible.
SOSIE.
Viuat, Sosie!
CLEANTHIS.
Hé quoy! ma plainte a cet effet?
Tu ris apres ce bel Ouurage?
SOSIE.
Que ie suis de moy satisfait!
CLEANTHIS.
Exprime-t-on ainsi le regret d'vn outrage?
SOSIE.
Ie n'aurois iamais crû que i'eusse été si sage.

CLEANTHIS.

Loin de te condamner d'vn si perfide trait,
Tu m'en fais éclater la joye en ton visage.

SOSIE.

Mon Dieu, tout doucement. Si ie parois joyeux,
Croy que i'en ay dans l'Ame vne raison tres-forte;
Et que sans y penser, ie ne fis iamais mieux,
Que d'en vser tantost auec toy de la sorte.

CLEANTHIS.

Traistre, te moques-tu de moy?

ALCMENE.

Non, ie te parle auec franchise.
En l'état où i'estois, i'auois certain éfroy,
Dont, auec ton discours, mon Ame s'est remise.
Ie m'apprehendois fort, & craignois qu'auec toy
Ie n'eusse fait quelque sottise.

CLEANTHIS.

Quelle est cette frayeur? & sçachons donc pourquoy?

SOSIE.

Les Medecins disent, quand on est yure,
Que de sa Femme on se doit abstenir;
Et que dans cet état, il ne peut prouenir,
Que des Enfans pesans, & qui ne sçauroient viure.
Voy, si mon Cœur n'eut sçeu de froideur se munir,
Quels inconueniens auroient pû s'en ensuiure?

CLEANTHIS.

Ie me moque des Medecins,
Auec leurs raisonnemens fades.
Qu'ils reglent ceux qui sont malades,
Sans vouloir gouuerner les Gens qui sont bien sains.
Ils se meslent de trop d'Affaires,
De prétendre tenir nos chastes feux gesnez;
Et sur les Iours Caniculaires,
Ils nous donnent encor, auec leurs Loix seueres,

De cent sots contes par le nez.

SOSIE.

Tout doux.

CLEANTHIS.

Non, ie soûtiens, que cela conclut mal,
Ces raisons sont raisons d'extrauagantes Testes.
Il n'est ny Vin, ny temps, qui puisse estre fatal,
A remplir le deuoir de l'Amour conjugal;
Et les Medecins sont des Bestes.

SOSIE.

Contr'eux, ie t'en suplie, appaise ton courrous,
Ce sont d'hônestes Gens, quoy que le Mõde en dise.

CLEANTHIS.

Tu n'es pas où tu crois. En vain tu files dous.
Ton excuse n'est point vne excuse de mise:
Et ie me veux vanger, tost ou tard, entre nous,
De l'air dont chaque jour ie voy qu'on me méprise.
Des discours de tantost, ie garde tous les coups;
Et tâcheray d'vser, lâche & perfide Epous,
De cette liberté que ton Cœur m'a permise.

SOSIE.

Quoy ?

CLEANTHIS.

Tu m'as dit tantost, que tu consentois fort,
Lâche, que i'en aimasse vn autre.

SOSIE.

Ah ! pour cet Article, i'ay tort.
Ie m'en dédis ; il y va trop du nostre.
Garde-toy bien de suiure ce transport.

CLEANTHIS.

Si ie puis vne fois pourtant,
Sur mon Esprit gagner la chose....

SOSIE.

Fais à ce discours quelque pause;
Amphitryon reuient, qui me paroist content.

SCENE IV.

IVPITER, CLEANTHIS, SOSIE.

IVPITER.

IE viens prendre le temps de rapaiser Alcméne;
De bannir les chagrins, que son Cœur veut garder;
Et donner à mes feux, dans ce soin qui m'améne,
Le doux plaisir de se racommoder.
Alcméne est là-haut, n'est-ce pas?

CLEANTHIS.

Oüy, pleine d'vne inquiétude,
Qui cherche de la solitude;
Et qui m'a defendu d'accompagner ses pas.

IVPITER.

Quelque defense qu'elle ait faite,
Elle ne sera pas pour moy.

CLEANTHIS.

Son chagrin, à ce que ie voy,
A fait vne prompte retraite.

SCENE V.

CLEANTHIS, SOSIE.

SOSIE.

QVe dis-tu, Cleanthis, de ce joyeux maintien,
Apres son fracas effroyable?

CLEANTHIS.

Que si toutes nous faisions bien,
Nous donnerions tous les Hommes au Diable;
Et que le meilleur n'en vaut rien.

SOSIE.

Cela se dit dans le courrous:
Mais aux Hommes, par trop, vous estes acrochées,
Et vous seriez, ma foy, toutes bien empeschées,
Si le Diable les prenoit tous.

CLEANTHIS.

Vrayment....

SOSIE.

Les voicy. Taisons-nous.

SCENE VI.

IVPITER, ALCMENE, CLEANTHIS, SOSIE.

IVPITER.

VOulez-vous me desesperer?
Helas! arrestez, belle Alcméne.

ALCMENE.

Non, auec l'Autheur de ma peine,
Ie ne puis du tout demeurer.

IVPITER.

De grace....

ALCMENE.

Laissez-moy.

IVPITER.

Quoy....

ALCMENE.

Laissez-moy, vous dy-je.

IVPITER.

Ses pleurs touchẽt mon Ame, & sa douleur m'afflige.
Souffrez que mon Cœur....

ALCMENE.

Non, ne suiuez point mes pas.

IVPITER.

Où voulez-vous aller?

ALCMENE.

Où vous ne serez pas.

IVPITER.

Ce vous est vne attente vaine.

Ie tiens à vos Beautez, par vn nœud trop serré,
Pour pouuoir vn moment en estre separé;
Ie vous suiuray par tout, Alcméne.

ALCMENE.

Et moy, par tout, ie vous fuyray.

IVPITER.

Ie suis donc bien épouuantable?

ALCMENE.

Plus qu'on ne peut dire, à mes yeux.
Oüy, ie vous voy, comme vn Monstre éfroyable;
Vn Monstre cruel, furieux,
Et dont l'approche est redoutable;
Comme vn Monstre à fuir en tous Lieux.
Mon Cœur souffre, à vous voir, vne peine incroyable.
C'est vn suplice, qui m'accable;
Et ie ne voy rien, sous les Cieux,
D'affreux, d'horrible, d'odieux,
Qui ne me fust, plus que vous, suportable.

IVPITER.

En voila bien, helas! que vostre bouche dit!

ALCMENE.

I'en ay dans le Cœur dauantage.
Et pour s'exprimer tout, ce Cœur a du dépit,
De ne point trouuer de langage.

IVPITER.

Hé! que vous a donc fait ma flame,
Pour me pouuoir, Alcméne, en Monstre regarder?

ALCMENE.

Ah! juste Ciel! cela peut-il se demander?
Et n'est-ce pas pour mettre à bout vne Ame?

IVPITER.

Ah! d'vn Esprit plus adoucy,...

ALCMENE.

Non, ie ne veux, du tout, vous voir, ny vous entendre.

IVPITER.

Auez-vous bien le cœur de me traiter ainsy?
Est-ce là cet amour si tendre,
Qui deuoit tant durer, quand ie vins hyer icy?

ALCMENE.

Non, non, ce ne l'est pas; & vos lâches injures
En ont autrement ordonné.
Il n'est plus, cet amour tendre, & passionné;
Vous l'auez dãs mon Cœur, par cent viues blessures,
Cruellement assassiné.
C'est en sa place vn courrous infléxible,
Vn vif ressentiment, vn dépit inuincible,
Vn desespoir d'vn Cœur justement animé,
Qui prétend vous haïr, pour cet affront sensible,
Autant qu'il est d'accord de vous auoir aimé:
Et c'est haïr, autant qu'il est possible.

IVPITER.

Helas! que vostre amour n'auoit guére de force,
Si de si peu de chose on le peut voir mourir!
Ce qui n'estoit que jeu, doit-il faire vn diuorce,
Et d'vne raillerie, a-t-on lieu de s'aigrir?

ALCMENE.

Ah! c'est cela dont ie suis offencée,
Et que ne peut pardonner mon courrous.
Des veritables traits d'vn mouuement jalous,
Ie me trouuerois moins blessée.
La Jalousie a des impressions,
Dont bien souuent la force nous entraisne;
Et l'Ame la plus sage en ces occasions,
Sans doute, auec assez de peine,
Répond de ses émotions.
L'emportement d'vn Cœur, qui peut s'estre abusé,
A dequoy ramener vne Ame, qu'il offence;
Et dans l'amour qui luy donne naissance,

Il trouue au moins, malgré toute sa violence,
Des raisons pour estre excusé.
De semblables transports, contre vn ressentiment,
Pour defense toûjours, ont ce qui les fait naistre;
Et l'on donne grace, aisément,
A ce dont on n'est pas le Maistre.
Mais que de gayeté de cœur,
On passe aux mouuemens d'vne fureur extréme;
Que sans cause l'on vienne, auec tant de rigueur,
Blesser la tendresse, & l'honneur
D'vn Cœur, qui cherement nous aime?
Ah! c'est vn coup trop cruel en luy-mesme;
Et que iamais n'oublîra ma douleur.

IVPITER.

Oüy, vous auez raison, Alcméne, il se faut rendre.
Cette action, sans doute, est vn crime odieux.
Ie ne prétens plus le défendre;
Mais souffrez que mõ Cœur s'en défende à vos yeux;
Et donne au vostre à qui se prendre,
De ce transport injurieux.
A vous en faire vn aueu veritable,
L'Epous, Alcméne, a commis tout le mal.
C'est l'Epous, qu'il vous faut regarder en coupable.
L'Amant n'a point de part à ce transport brutal;
Et de vous offenser, son Cœur n'est point capable.
Il a pour vous, ce Cœur, pour iamais y penser,
Trop de respect, & de tendresse;
Et si de faire rien à vous pouuoir blesser,
Il auoit eu la coupable foiblesse,
De cent coups à vos yeux il voudroit le percer.
Mais l'Epous est sorty de ce respect soûmis,
Où pour vous on doit toûjours estre.
A son dur procedé, l'Epous s'est fait connoistre,
Et par le droict d'Hymen, il s'est crû tout permis.

Oüy,

Oüy, c'est luy qui, sans doute, est criminel vers vous.
Luy seul a mal-traitté vostre aimable Personne,
Haïssez, détestez l'Epoux;
I'y consens, & vous l'abandonne:
Mais, Alcméne, sauuez l'Amant de ce courrous,
Qu'vne telle offense vous donne.
N'en jettez pas sur luy l'effet.
Démeslez-le vn peu du coupable,
Et pour estre enfin équitable,
Ne le punissez point, de ce qu'il n'a pas fait.

ALCMENE.

Ah! toutes ces subtilitez
N'ont que des excuses friuoles,
Et pour les Esprits irritez,
Ce sont des contre-temps, que de telles paroles.
Ce détour ridicule est en vain pris par vous.
Ie ne distingue rien en celuy qui m'offence,
Tout y deuient l'objet de mon courrous;
Et dans sa juste violence,
Sont confondus, & l'Amant, & l'Epous.
Tous deux de mesme sorte occupent ma pensée;
Et des mesmes couleurs, par mon Ame blessée,
Tous deux ils sont peints à mes yeux,
Tous deux sont criminels, tous deux m'ont offensée,
Et tous deux me sont odieux.

IVPITER.

Hé bien, puis que vous le voulez,
Il faut donc me charger du crime.
Oüy, vous auez raison, lors que vous m'immolez
A vos ressentimens, en coupable Victime.
Vn trop juste dépit contre moy vous anime,
Et tout ce grand courrous, qu'icy vous étalez,
Ne me fait endurer, qu'vn tourment legitime.
C'est auec droict que mon abord vous chasse;

Et que de me fuir en tous Lieux,
Vostre colere me menace,
Ie dois vous estre vn Objet odieux.
Vous deuez me vouloir vn mal prodigieux,
Il n'est aucune horreur, que mon forfait ne passe,
D'auoir offensé vos beaux yeux.
C'est vn crime à blesser les Hommes, & les Dieux;
Et ie merite enfin, pour punir cette audace,
Que contre moy vostre haine ramasse
Tous ses traits les plus furieux:
Mais mon Cœur vous demande grace.
Pour vous la demander, ie me jette à genoux;
Et la demande au nom de la plus viue flamé;
Du plus tendre amour, dont vne Ame
Puisse jamais brûler pour vous,
Si vostre Cœur, charmante Alcméne,
Me refuse la grace, où i'ose recourir;
Il faut qu'vne atteinte soudaine,
M'arrache, en me faisant mourir,
Aux dures rigueurs d'vne peine,
Que ie ne sçaurois plus souffrir.
Oüy, cet état me desespere;
Alcméne, ne présumez pas,
Qu'aimant, comme ie fais, vos celestes appás,
Ie puisse viure vn jour auec vostre colere.
Déja, de ces momens, la barbare longueur,
Fait, sous des atteintes mortelles,
Succomber tout mon triste Cœur;
Et de mille Vautours, les blessures cruelles,
N'ont rien de comparable à ma viue douleur.
Alcméne, vous n'auez qu'à me le declarer,
S'il n'est point de pardon que ie doiue esperer;
Cette Epée aussi-tost, par vn coup fauorable,
Va percer à vos yeux, le Cœur d'vn Miserable;

Ce Cœur, ce traistre Cœur, trop digne d'expirer,
Puis qu'il a pû fâcher vn Objet adorable.
Heureux, en descendant au tenebreux sejour,
Si de vostre courrous mon trépas vous rameine;
Et ne laisse en vostre Ame, apres ce triste jour,
Aucune impression de haine,
Au souuenir de mon amour.
C'est tout ce que i'attens, pour faueur souueraine.

ALCMENE.

Ah! trop cruel Epous!

IVPITER.

Dites, parlez, Alcméne.

IVPITER.

Faut-il encor pour vous, conseruer des bontez;
Et vous voir m'outrager, par tant d'indignitez?

IVPITER.

Quelque ressentiment, qu'vn outrage nous cause,
Tient-il côtre vn remords d'vn Cœur bien enflamé?

ALCMENE.

Vn Cœur bien plein de flame, à mille morts s'expose,
Plutost que de vouloir fâcher l'Objet aimé.

IVPITER.

Plus on aime quelqu'vn, moins on trouue de peine...

ALCMENE.

Non, ne m'en parlez point, vous meritez ma haine,

IVPITER.

Vous me haïssez donc?

ALCMENE.

I'y fais tout mon effort;
Et i'ay dépit de voir, que toute vostre offence
Ne puisse de mon Cœur, jusqu'à cette vangeance,
Faire encor aller le transport.

IVPITER.

Mais pourquoy cette violence,

Puis que pour vous vanger, ie vous offre ma mort?
Prononcez-en l'Arrest, & i'obeïs sur l'heure.

ALCMENE.

Qui ne sçauroit haïr, peut-il vouloir qu'on meure?

IVPITER.

Et moy, ie ne puis viure, à moins que vous quittiez
Cette colere qui m'accable;
Et que vous m'accordiez le pardon fauorable,
Que ie vous demande à vos piez.
Resoluez icy l'vn des deux,
Ou de punir, ou bien d'absoudre.

ALCMENE.

Helas! ce que ie puis resoudre,
Paroist bien plus, que ie ne veux!
Pour vouloir soûtenir le courrous qu'on me donne,
Mon Cœur a trop sçeu me trahir.
Dire qu'on ne sçauroit haïr,
N'est-ce pas dire qu'on pardonne?

IVPITER,

Ah! belle Alcméne, il faut que comblé d'allégresse.

ALCMENE.

Laissez. Ie me veux mal de mon trop de foiblesse.

IVPITER.

Va, Sosie, & dépesche-toy,
Voir, dãs les doux trãsports dõt mõ Ame est charmée,
Ce que tu trouueras d'Officiers de l'Armée,
Et les inuite à disner auec moy.
Tandis que d'icy ie le chasse,
Mercure y remplira sa place.

SCENE VII.

CLEANTHIS, SOSIE.

SOSIE.

HE' bien, tu vois, Cleanthis, ce ménage.
Veux-tu, qu'à leur exemple icy,
Nous fassions entre nous vn peu de paix aussy?
Quelque petit rapatriage?

CLEANTHIS.

C'est pour ton nez, vraymênt. Cela se fait ainsy.

SOSIE.

Quoy! tu ne veux pas?

CLEANTHIS.

Non.

SOSIE.

Il ne m'importe guére,
Tant-pis pour toy.

CLEANTHIS.

Là, là, reuien.

SOSIE.

Non, morbleu, ie n'en feray rien;
Et ie veux estre, à mon tour, en colere.

CLEANTHIS.

Va, va, Traistre, laisse-moy faire;
On se lasse, par fois, d'estre Femme de bien.

Fin du Second Acte.

ACTE III.

SCENE PREMIERE.

AMPHITRYON.

OVy, ſans doute, le Sort tout exprés me le cache;
Et des tours que ie fais, à la fin, ie ſuis las.
Il n'eſt point de Deſtin plus cruel, que ie ſçache.
Ie ne ſçaurois trouuer, portant par tout mes pas,
Celuy qu'à chercher ie m'attache;
Et ie trouue tous ceux que ie ne cherche pas.
Mille Fâcheux cruels, qui ne penſent pas l'eſtre,
De nos faits, auec moy, ſans beaucoup me cõnoiſtre,
Viennent ſe réjoüir, pour me faire enrager.
Dans l'embarras cruel du ſoucy qui me bleſſe,
De leurs embraſſemens, & de leur allegreſſe,
Sur mon inquiétude, ils viennent tous charger.
En vain à paſſer ie m'apreſte,
Pour fuir leurs perſécutions.
Leur tuante amitié, de tous coſtez m'arreſte;

Et tandis qu'à l'ardeur de leurs expressions,
Ie répons d'vn geste de teste;
Ie leur donne, tout-bas, cent malédictions;
Ah! qu'on est peu flaté de loüange, d'honneur,
Et de tout ce que donne vne grande Victoire,
Lors que dans l'Ame on souffre vne viue douleur!
Et que l'on donneroit volontiers cette gloire,
Pour auoir le repos du Cœur!
Ma jalousie, à tout propos,
Me promene sur ma disgrace;
Et plus mon Esprit y repasse,
Moins i'en puis débroüiller le funeste cahos.
Le vol des Diamans n'est pas ce qui m'étonne:
On leue les Cachets, qu'on ne l'aperçoit pas;
Mais le don, qu'on veut qu'hyer i'en vins faire en personne,
Est ce qui fait icy mon cruel embarras.
La Nature parfois produit des Ressemblances,
Dont quelques Imposteurs ont pris droict d'abuser:
Mais il est hors de sens, que sous ces apparences
Vn Homme, pour Epous, se puisse supposer;
Et dans tous ces raports, sont mille diferences,
Dont se peut vne Femme aisément auiser.
Des charmes de la Thessalie,
On vante de tout temps les merueilleux effets:
Mais les contes fameux, qui par tout en sont faits,
Dans mon Esprit toûjours ont passé pour folie;
Et ce seroit du Sort vne étrange rigueur,
Qu'au sortir d'vne ample Victoire,
Ie fusse contraint de les croire,
Aux despens de mon propre honneur.
Ie veux la retâter sur ce fâcheux mystere;
Et voir si ce n'est point vne vaine chimere,
Qui sur ses sens troublez ait sçeu prendre credit,

Ah! fasse le Ciel équitable,
Que ce penser soit veritable;
Et que, pour mon bonheur, elle ait perdu l'Esprit!

SCENE II.

MERCVRE, AMPHITRYON.

MERCVRE.

COmme l'Amour icy ne m'offre aucun plaisir,
Ie m'en veux faire, au moins, qui soient d'autre (nature;
Et ie vais égayer mon sérieux loisir,
A mettre Amphitryon hors de toute mesure.
Cela n'est pas d'vn Dieu bien plein de charité:
Mais aussi n'est-ce pas ce dont ie m'inquiéte;
Et ie me sens, par ma Planette,
A la malice vn peu porté.

AMPHITRYON.

D'où vient dõc qu'à cette heure on ferme cette Porte?

MERCVRE.

Hola, tout doucement. Qui frape?

AMPHITRYON.

Moy.

MERCVRE.

Qui, moy?

AMPHITRYON.

Ah! ouure.

MERCVRE.

Comment, ouure? Et qui donc es-tu, toy,
Qui fais tant de vacarme, & parles de la sorte?

AMPHITRYON.

Quoy! tu ne me connois pas?

MERCVRE.

Non;
Et n'en ay pas la moindre enuie.

AMPHITRYON.

Tout le Monde perd-il aujourd'huy la raison?
Est-ce vn mal répandu? Sosie, hola, Sosie.

MERCVRE.

Hé bien, Sosie: oüy, c'est mon nom.
As-tu peur que ie ne l'oublie?

AMPHITRYON.

Me vois-tu bien?

MERCVRE.

Fort bien. Qui peut pousser ton Bras,
A faire vne rumeur si grande?
Et que demandes-tu là-bas?

AMPHITRYON.

Moy, Pendart, ce que ie demande?

MERCVRE.

Que ne demandes-tu donc pas?
Parle, si tu veux qu'on t'entende.

AMPHITRYON.

Attens, Traistre, auec vn Baston
Ie vais là-haut me faire entendre,
Et de bonne façon t'aprendre
A m'oser parler sur ce ton.

MERCVRE.

Tout beau. Si pour heurter, tu fais la moindre instãce,
Ie t'enuoyray d'icy des Messagers fâcheux.

AMPHITRYON.

O Ciel! vit-on iamais vne telle insolence!
La peut-on conceuoir d'vn Seruiteur, d'vn Gueux?

MERCVRE.

Hé bien! qu'est-ce? m'as-tu tout parcouru par ordre?
M'as-tu de tes gros yeux assez consideré?

Comme il les écarquille, & paroist éfaré!
Si des regards on pouuoit mordre,
Il m'auroit déja déchiré.

AMPHITRYON.
Moy-mesme ie frémis de ce que tu t'aprestes,
Auec ces impudens propos,
Que tu grossis pour toy d'éfroyables tempestes!
Quels orages de coups voiit fondre sur ton Dos!

MERCVRE.
L'Amy, si de ces Lieux tu ne veux disparoistre,
Tu pourras y gagner quelque contusion.

AMPHITRYON.
Ah! tu sçauras Maraut, à ta confusion,
Ce que c'est qu'vn Valet, qui s'attaque à son Maistre.

MERCVRE.
Toy, mon Maistre?

AMPHITRYON.
Oüy, Coquin. M'oses-tu méconnoistre?

MERCVRE.
Ie n'en reconnois point d'autre, qu'Amphitryon.

AMPHITRYON.
Et cet Amphitryon, qui, hors moy, le peut-estre?

MERCVRE.
Amphitryon?

AMPHITRYON.
Sans doute.

MERCVRE.
Ah! quelle vision!
Dy-nous vn peu. Quel est le Cabaret honneste,
Où tu t'es coiffé le cerveau?

AMPHITRYON.
Comment! encor!

MERCVRE.
Estoit-ce vn Vin à faire feste?

AMPHITRYON.

Ciel !

MERCVRE.

Estoit-il vieux, ou nouueau?

AMPHITRYON.

Que de coups!

MERCVRE.

Le nouueau donne fort dans la teste,
Quand on le veut boire sans eau.

AMPHITRYON.

Ah! ie t'arracheray cette Langue, sans doute.

MERCVRE.

Passe, mon cher Amy, croy-moy,
Que quelqu'vn icy ne t'écoute.
Je respecte le Vin : va-t'en, retire-toy,
Et laisse Amphitryon dans les plaisirs qu'il goûte.

AMPHITRYON.

Comment! Amphitryon est là-dedans?

MERCVRE.

Fort bien;
Qui couuert des Lauriers d'vne Victoire pleine,
Est auprés de la belle Alcméne,
A joüir des douceurs d'vn aimable entretien.
Apres le démeslé d'vn amoureux caprice,
Ils goûtent le plaisir de s'estre rajustez.
Garde-toy de troubler leurs douces priuautez,
Si tu ne veux qu'il ne punisse
L'excés de tes témeritez.

SCENE III.

AMPHITRYON.

AH! quel étrange coup m'a-t-il porté dãs l'Ame?
En quel trouble cruel jette-t-il mon Esprit?
Et si les choses sont, comme le Traistre dit,
Où vois-je icy reduits mon honneur, & ma flame?
A quel Party me doit résoudre ma raison?
Ay-je l'éclat, ou le secret, à prendre?
Et dois-je en mon courrous renfermer, ou répandre
Le des-honneur de ma Maison?
Ah! faut-il consulter dans vn affront si rude?
Ie n'ay rien à prétendre, & rien à ménager,
Et toute mon inquiétude
Ne doit aller qu'à me vanger.

SCENE IV.

SOSIE, NAVCRATES, POLIDAS, AMPHITRYON.

SOSIE.

MOnsieur, auec mes soins, tout ce que i'ay pû faire,
C'est de vous amener ces Messieurs que voicy.

AMPHITRYON.

Ah! vous voila?

SOSIE.

Monsieur.

AMPHITRYON.

Insolent, temeraire.

SOSIE.

Quoy?

AMPHITRYON.

Ie vous apprendray de me traiter ainsy.

SOSIE.

Qu'est-ce donc? qu'auez-vous?

AMPHITRYON.

Ce que i'ay, Miserable?

SOSIE.

Hola, Messieurs, venez donc tost.

NAVCRATES.

Ah! de grace, arrestez.

SOSIE.

Dequoy suis-je coupable?

AMPHITRYON.

Tu me le demandes, Maraut?
Laissez-moy satisfaire vn courrous legitime.

SOSIE.

Lors que l'on pend quelqu'vn, on luy dit pourquoy (c'est.

NAVCRATES.

Daignez-nous dire, au moins, quel peut estre son (crime.

SOSIE.

Messieurs, tenez bon, s'il vous plaist?

AMPHITRYON.

Comment! il vient d'auoir l'audace,
De me fermer ma Porte au nez?
Et de joindre encor la menace,
A mille propos éfrenez!
Ah! Coquin.

SOSIE.

Ie suis mort.

NAVCRATES.

Calmez cette colere,

SOSIE.

Messieurs.

POLIDAS.

Qu'est-ce?

SOSIE.

M'a-t-il frapé?

AMPHITRYON.

Non, il faut qu'il ait le salaire
Des mots, où tout à l'heure, il s'est émancipé.

SOSIE.

Comment cela se peut-il faire,
Si i'estois par vostre ordre autre-part ocupé?
Ces Messieurs sont icy, pour rendre témoignage,
Qu'à disner auec vous, ie les viens d'inuiter.

NAVCRATES.

Il est vray qu'il nous vient de faire ce message;
Et n'a point voulu nous quitter.

AMPHITRYON.

Qui t'a donné cet Ordre?

SOSIE.

Vous.

AMPHITRYON.

Et quand?

SOSIE.

Apres vostre paix faite.
Au milieu des transports d'vne Ame satisfaite,
D'auoir d'Alcméne apaisé le courrous.

AMPHITRYON.

O Ciel! chaque instant, chaque pas,
Adjoûte quelque chose à mon cruel martyre!
Et dans ce fatal embarras,
Ie ne sçay plus que croire, ny que dire.

NAVCRATES.

Tout ce que de chez vous, il vient de nous conter,
Surpaſſe ſi fort la Nature,
Qu'auant que de rien faire, & de vous emporter,
Vous deuez éclaircir toute cette auanture.

AMPHITRYON.

Allons, vous y pourrez ſeconder mon effort;
Et le Ciel à propos, icy vous a fait rendre.
Voyons quelle fortune en ce jour peut m'attendre.
Débroüillons ce myſtere, & ſçachons noſtre Sort.
Helas! ie brûle de l'apprendre;
Et ie le crains plus que la Mort!

SCENE V.

IVPITER, AMPHITRYON, NAVCRATES, POLIDAS, SOSIE.

IVPITER.

QVel bruit à deſcendre m'oblige?
Et qui frape en Maiſtre où ie ſuis?

AMPHITRYON.

Que vois-je, juſtes Dieux!

NAVCRATES.

Ciel! quel eſt ce prodige!
Quoy! deux Amphitryons icy nous ſont produis!

AMPHITRYON.

Mon Ame demeure tranſie.
Helas! ie n'en puis plus; l'auanture eſt à bout:
Ma Deſtinée eſt éclaircie;
Et ce que ie voy, me dit tout.

NAVCRATES.

Plus mes regards ſur eux s'attachent fortement,
Plus ie trouue qu'en tout, l'vn à l'autre eſt ſemblable.

SOSIE.

Messieurs, voicy le véritable;
L'autre est vn Imposteur, digne de châtiment.

POLIDAS.

Certes, ce raport admirable
Suspend icy mon jugement.

AMPHITRYON.

C'est trop estre éludez par vn Fourbe exécrable,
Il faut, auec ce Fer, rompre l'enchantement.

NAVCRATES.

Arrestez,

AMPHITRYON.

Laissez-moy.

NAVCRATES.

Dieux! que voulez-vous faire?

AMPHITRYON.

Punir, d'vn Imposteur, les lâches trahisons.

IVPITER.

Tout-beau, l'emportement est fort peu nécessaire;
Et lors que de la sorte on se met en colere,
On fait croire qu'on a de mauuaises raisons.

SOSIE.

Oüy, c'est vn Enchanteur, qui porte vn Caractére,
Pour ressembler aux Maistres des Maisons.

AMPHITRYON.

Ie te feray, pour ton partage,
Sentir, par mille coups, ces propos outrageans.

SOSIE.

Mon Maistre est Homme de courage;
Et ne souffrira point, que l'on batte ses Gens.

AMPHITRYON.

Laissez-moy m'assouuir dans mon courrous extréme,
Et lauer mon affront au sang d'vn Scelérat.

NAVCRATES.

Nous ne souffrirons point cet étrange combat,

D'Amphitryon, contre luy-méme.

AMPHITRYON.

Quoy! mon honneur, de vous, reçoit ce traitement?
Et mes Amis, d'vn Fourbe, embrassent la défense?
Loin d'estre les premiers à prendre ma vangeance,
Eux-mesmes font obstacle à mon ressentiment?

NAVCRATES.

Que voulez-vous qu'à cétte veuë
Fassent nos résolutions;
Lors que par deux Amphitryons,
Toute nostre chaleur demeure suspenduë?
A vous faire éclater nostre zele aujourd'huy,
Nous craignons de faillir, & de vous méconnoistre.
Nous voyons bien en vous Amphitryon paroistre,
Du salut des Thébains le glorieux appuy:
Mais nous le voyons tous aussi paroistre en luy;
Et ne sçaurions juger dans lequel il peut estre.
Nostre Party n'est point douteux,
Et l'Imposteur, par nous, doit mordre la poussiére:
Mais ce parfait raport le cache entre vous deux;
Et c'est vn coup trop hazardeux,
Pour l'entreprendre sans lumiere.
Auec douceur laissez-nous voir,
De quel costé peut estre l'imposture;
Et dés que nous aurons démeslé l'auanture,
Il ne nous faudra point dire nostre deuoir.

IVPITER.

Oüy, vous auez raison: & cette ressemblance,
A douter de tous deux, vous peut authoriser.
Ie ne m'offence point de vous voir en balance:
Ie suis plus raisonnable, & sçay vous excuser.
L'œil ne peut entre nous faire de diference;
Et ie voy qu'aisément on s'y peut abuser.
Vous ne me voyez point témoigner de colére;
Point mettre l'Epée à la main.

C'eſt vn mauuais moyen d'éclaircir ce myſtere;
Et i'en puis trouuer vn plus doux, & plus certain.
L'vn de nous eſt Amphitryon;
Et tous deux, à vos yeux, nous le pouuons paroiſtre.
C'eſt à moy de finir cette confuſion;
Et ie prétens me faire à tous ſi bien connoiſtre,
Qu'aux preſſantes clartez de ce que ie puis eſtre,
Luy-meſme ſoit d'accord du ſãg qui m'a fait naiſtre,
Il n'ait plus de rien dire aucune occaſion.
C'eſt aux yeux des Thébains, que ie veux auec vous,
De la verité pure, ouurir la connoiſſance;
Et la choſe ſans doute eſt aſſez d'importance,
Pour affecter la circonſtance,
De l'éclaircir aux yeux de tous.
Alcméne attend de moy ce public témoignage.
Sa vertu, que l'éclat de ce deſordre outrage,
Veut qu'on la juſtifie, & i'en vais prendre ſoin.
C'eſt à quoy mon amour enuers elle m'engage;
Et des plus nobles Chefs, ie fais vn aſſemblage,
Pour l'éclairciſſement, dont ſa gloire a beſoin.
Attendant auec vous ces Témoins ſouhaitez,
Ayez, ie vous prie, agreable
De venir honorer la Table,
Où vous a Soſie inuitez.

SOSIE.

Ie ne me trompois pas. Meſſieurs, ce mot termine
Toute l'irréſolution :
Le véritable Amphitryon,
Eſt l'Amphitryon, où l'on diſne.

AMPHITRYON.

O Ciel! puis-je plus bas me voir humilié!
Quoy! faut-il que i'entende icy, pour mon martyre,
Tout ce que l'Impoſteur, à mes yeux, vient de dire;
Et que dans la fureur, que ce diſcours m'inſpire,
On me tienne le Bras lié!

NAVCRATES.

Vous vous plaignez à tort, Permettez nous d'attẽdre
L'éclaireissement, qui doit rendre
Les ressentimens de saison.
Ie ne sçay pas s'il impose:
Mais il parle sur la chose,
Comme s'il auoit raison.

AMPHITRYON.

Allez, foibles Amis, & flatez l'imposture.
Thébes en a pour moy de tout autres que vous:
Et ie vais en trouuer, qui partageant l'injure,
Sçauront prester la main à mon juste courrous.

IVPITER.

Hé bien, ie les attens; & sçauray décider
Le diferend en leur presence.

AMPHITRYON.

Fourbe, tu crois par là, peut-estre, t'éuader:
Mais rien ne te sçauroit sauuer de ma vangeance.

IVPITER.

A ces injurieux propos
Ie ne daigne à present répondre;
Et tantost ie sçauray confondre
Cette Fureur, auec deux mots.

AMPHITRYON.

Le Ciel mesme, le Ciel, ne t'y sçauroit soustraire;
Et jusques aux Enfers, i'iray suiure tes pas.

IVPITER.

Il ne sera pas necessaire;
Et l'on verra tantost, que ie ne fuiray pas.

AMPHITRYON.

Allons, courons, auant que d'auec eux il sorte,
Assembler des Amis, qui suiuent mon courrous:
Et chez moy venons à main-forte,
Pour le percer de mille coups,

IVPITER.

Point de façons, ie vous conjure;
Entrons viste dans la Maison.

NAVCRATES.

Certes, toute cette auanture
Confond le sens, & la raison.

SOSIE.

Faites tréue, Messieurs, à toutes vos surprises;
Et pleins de joye, allez tabler jusqu'à demain.
Que ie vais m'en dõner! & me mettre en beau train,
De raconter nos vaillantises!
Ie brûle d'en venir aux prises;
Et iamais ie n'eus tant de faim.

SCENE VI.

MERCVRE, SOSIE.

MERCVRE.

ARreste. Quoy! tu viens icy mettre ton nez,
Impudent Fleureur de Cuisine?

SOSIE.

Ah! de grace, tout doux.

MERCVRE.

Ah! vous y retournez!
Ie vous ajusteray l'échine.

SOSIE.

Helas! braue, & genereux Moy,
Modere-toy, ie t'en suplie.
Sosie, épargne vn peu *Sosie*,
Et ne te plais point tant à fraper dessus toy.

MERCVRE.

Qui de t'appeller de ce Nom,

A pû te donner la licence?
Ne t'en ay-je pas fait vne expresse défence,
Sous peine d'essuyer mille coups de Baston?

SOSIE.

C'est vn Nom, que tous deux nous pouuons à la fois
Posseder sous vn mesme Maistre.
Pour Sosie, en tous Lieux, on sçait me reconnoistre:
Ie souffre bien que tu le sois;
Souffre aussi, que ie le puisse estre.
Laissons aux deux Amphitryons,
Faire éclater des jalousies;
Et parmy leurs contentions,
Faisons en bonne paix, viure les deux Sosies.

MERCVRE.

Non, c'est assez d'vn seul; & ie suis obstiné;
A ne point souffrir de partage.

SOSIE.

Du pas deuant, sur moy, tu prendras l'auantage.
Ie seray le Cadet, & tu seras l'Aisné.

MERCVRE.

Non, vn Frere incõmode, & n'est pas de mon goust;
Et ie veux estre Fils vnique.

SOSIE.

O Cœur barbare & tyrannique!
Souffre qu'au moins ie sois ton Ombre.

MERCVRE.

Point du tout.

SOSIE.

Que d'vn peu de pitié ton Ame s'humanise.
En cette qualité souffre-moy pres de toy.
Ie te seray par tout vne Ombre si soûmise,
Que tu seras content de moy.

MERCVRE.

Point de quartier: immuable est la Loy.
Si d'entrer là-dedans, tu prens encor l'audace,

Mille coups en seront le fruit.

SOSIE.

Las ! à quelle étrange disgrace,
Pauure Sosie, es-tu reduit?

MERCVRE.

Quoy! ta bouche se licencie,
A te donner encor vn Nom, que ie défens?

SOSIE.

Non, ce n'est pas moy que i'entens,
Et ie parle d'vn vieux Sosie,
Qui fut jadis de mes Parens,
Qu'auec tres-grande barbarie,
A l'heure du Disné, l'on chassa de ceans.

MERCVRE.

Prens garde de tomber dans cette frenésie;
Si tu veux demeurer au nombre des viuans.

SOSIE.

Que ie te rosserois, si i'auois du courage,
Double Fils-de-Putain, de trop d'orgueil enflé!

MERCVRE.

Que dis-tu?

SOSIE.

Rien.

MERCVRE.

Tu tiens, ie croy, quelque langage.

SOSIE.

Demandez, ie n'ay pas soufflé.

MERCVRE.

Certain mot de Fils-de-Putain,
A pourtant frapé mon oreille:
Il n'est rien de plus certain.

IVPITER.

C'est donc vn Perroquet, que le beau temps réueille.

MERCVRE.

Adieu. Lors que le Dos pourra te démanger,

Voila l'Endroit, où ie demeure.

SOSIE.

O Ciel ! que l'heure de manger,
Pour estre mis dehors, est vne maudite heure!
Allons, cedons au Sort dans nostre affliction,
Suiuons-en aujourd'huy l'aueugle fantaisie;
Et par vne juste vnion,
Ioignons le malheureux Sosie,
Au malheureux Amphitryon.
Ie l'apperçois venir en bonne compagnie.

SCENE VII.

AMPHITRYON, ARGATIPHONTIDAS, POSICLES, SOSIE.

AMPHITRYON.

ARrestez-là, Messieurs, Suiuez-nous d'vn peu loin;
Et n'auancez tous, ie vous prie,
Que quand il en sera besoin.

POSICLES.

Ie cõprens que ce coup doit fort toucher vostre Ame.

AMPHITRYON.

Ah! de tous les costez, mortelle est ma douleur!
Et ie souffre pour ma flame,
Autant que pour mon honneur.

POSICLES.

Si cette Ressemblance est telle que l'on dit,
Alcméne, sans estre coupable....

AMPHITRYON.

Ah ! sur le fait dont il s'agit,
L'erreur simple deuient vn crime veritable,
Et sans consentement, l'Innocence y périt.

De semblables erreurs, quelque jour qu'on leur dõne,
Touchent des endroits délicats:
Et la Raison bien souuent les pardonne;
Que l'Honneur, & l'Amour, ne les pardonnent pas.

ARGATIPHONTIDAS.

Ie n'embarasse point là-dedans ma pensée:
Mais ie hais vos Messieurs, de leurs honteux delais;
Et c'est vn procedé, dont i'ay l'Ame blessée;
Et que les Gens de cœur n'approuueront iamais.
Quãd quelqu'vn nous employe, on doit, teste baissée,
Se jetter dans ses intérests.
Argatiphontidas ne va point aux accords.
Ecouter d'vn Amy raisonner l'auersaire,
Pour des Hõmes d'hõneur, n'est point vn coup à faire:
Il ne faut écouter que la vangeance alors.
Le Procez ne me sçauroit plaire;
Et l'on doit cõmencer toũjours dans ses transports,
Par bailler, sans autre mystere,
De l'Epée au trauers du Corps.
Oüy, vous verrez, quoy qu'il auienne.
Qu'Argatiphontidas marche droit sur ce poinct;
Et de vous il faut que i'obtienne,
Que le Pendart ne meure point,
D'vne autre main, que de la mienne.

AMPHITRYON.

Allons.

SOSIE.

Ie viens, Monsieur, subir à vos genoux,
Le juste châtiment d'vne audace maudite.
Frapez, battez, chargez, accablez-moy de coups;
Tuez-moy dans vostre courrous:
Vous ferez bien, ie le mérite;
Et ie n'en diray pas vn seul mot contre vous.

AMPHITRYON.

Leue-toy. Que fait-on?

SOSIE.

SOSIE.

L'on m'a chassé tout net:
Et croyant, à manger, m'aller, comme eux, ébattre;
Ie ne songeois pas qu'en effet,
Ie m'attendois là, pour me battre.
Oüy, l'autre Moy, Valet de l'autre Vous, a fait,
Tout de nouueau, le Diable à quatre,
La rigueur d'vn pareil Destin,
Monsieur, aujourd'huy, nous talonne;
Et l'on me Des-Sosie enfin,
Comme on vous Des-Amphitryonne.

AMPHITRYON.

Suy-moy.

SOSIE.

N'est-il pas mieux, de voir s'il vient Personne

SCENE VIII.

CLEANTHIS, NAVCRATES, POLIDAS, SOSIE, AMPHITRYON, ARGATIPHONTIDAS, POSICLES.

CLEANTHIS.

O Ciel!

AMPHITRYON.

Qui t'épouuante ainsy?
Quelle est la peur, que ie t'inspire?

CLEANTHIS.

Las! vous estes là-haut, & ie vous vois icy!

NAVCRATES.

Ne vous pressez point, le voicy,
Pour donner deuant tous, les clartez, qu'on desire;
Et qui, si l'on peut croire à ce qu'il vient de dire,
Sçauront vous affranchir de trouble, & de soucy.

SCENE IX.

MERCVRE, CLEANTHIS, NAVCRATES, POLIDAS, SOSIE, AMPHITRYON, ARGATIPHONTIDAS, POSICLES.

MERCVRE.

OVy, vous l'allez voir tous: & ſçachez, par auance,
Que c'eſt le Grand Maiſtre des Dieux;
Que ſous les traits chéris de cette Reſſemblance,
Alcméne a fait, du Ciel, deſcendre dans ces Lieux:
Et quant à moy, ie ſuis Mercure,
Qui ne ſçachant que faire, ay roſſé tant ſoit peu
Celuy, dont i'ay pris la Figure:
Mais de s'en conſoler, il a maintenant lieu;
Et les coups de Baſton d'vn Dieu,
Font honneur à qui les endure.

SOSIE.

Ma foy, Monſieur le Dieu, ie ſuis voſtre Valet.
Ie me ſerois paſſé de voſtre courtoiſie.

MERCVRE.

Ie luy donne à preſent congé d'eſtre Soſie.
Ie ſuis las de porter vn Viſage ſi laid;
Et ie m'en vais au Ciel, auec de l'Ambroſie,
Il vole dans le Ciel. M'en débarboüiller tout-à-fait.

SOSIE.

Le Ciel, de m'aprocher, t'oſte à ia mais l'enuie.
Ta fureur s'eſt par trop acharnée apres moy:
Et ie ne vis de ma vie,
Vn Dieu plus Diable, que toy.

SCENE X.

IVPITER, CLEANTHIS, NAVCRATES, POLIDAS, SOSIE, AMPHITRYON, ARGATIPHONTIDAS, POSICLES.

IVPITER *dans vne Nuë.*

REgarde, Amphitryon, quel est ton Imposteur;
Et sous tes propres traits, voy Iupiter paroistre.
A ces marques, tu peux aisément le connoistre;
Et c'est assez, ie croy, pour remettre ton Cœur
Dans l'état auquel il doit estre,
Et rétablir chez toy, la paix, & la douceur.
Mon Nom, qu'incessamment toute la Terre adore,
Etouffe icy les bruits, qui pouuoient éclater.
Vn partage auec Iupiter,
N'a rien du tout, qui des-honnore:
Et sans doute, il ne peut estre que glorieux,
De se voir le Riual du Souuerain des Dieux,
Ie n'y vois, pour ta flame, aucun lieu de murmure;
Et c'est moy, dans cette auanture,
Qui tout Dieu que ie suis, dois estre le Ialous.
Alcméne est toute à toy, quelque soin qu'ō employe;
Et ce doit à tes feux estre vn Objet bien dous,
Devoir, que pour luy plaire, il n'est point d'autre voye,
Que de paroistre son Epous:
Que Iupiter, orné de sa gloire immortelle,
Par luy-mesme, n'a pû triompher de sa foy;
Et que ce qu'il a receu d'elle,
N'a, par son Cœur ardent, esté donné qu'à toy.

SOSIE.

Le Seigneur Iupiter sçait dorer la Pilule,

IVPITER.

Sors dõc des noirs chagrins, que ton Cœur a souferts;
Et rens le calme entier à l'ardeur, qui te brule.
Chez toy, doit naistre vn Fils, qui sous le nõ d'Hercule,
Remplira de ses faits, tout le vaste Vniuers.
L'éclat d'vne Fortune, en mille biens féconde,
Fera connoistre à tous, que ie suis ton suport,
Et ie mettray tout le Monde
Au poinct d'enuier ton Sort.
Tu peux hardiment te flater
De ces espérances données.
C'est vn crime, que d'en douter.
Les Paroles de Iupiter,
Sont des Arrests des Destinées.

Il se pert dans les Nuës.

NAVCRATES.

Certes, ie suis rauy de ces marques brillantes.....

SOSIE.

Messieurs, voulez-vous bien suiure mon sentiment?
Ne vous embarquez nullement,
Dans ces douceurs congratulantes.
C'est vn mauuais Embarquement:
Et d'vne, & d'autre part, pour vn tel Compliment,
Les Phrases sont embarassantes.
Le grand Dieu Iupiter nous fait beaucoup d'hõneur;
Et sa bonté, sans doute, est pour nous sans seconde:
Il nous promet l'infaillible bonheur,
D'vne Fortune, en mille biens féconde;
Et chez nous il doit naistre vn Fils d'vn très-grand (cœur,
Tout cela va le mieux du Monde.
Mais enfin coupons aux discours;
Et que chacun chez soy, doucement se retire.
Sur telles Affaires, toûjours,
Le meilleur est de ne rien dire.

FIN.

www.ingramcontent.com/pod-product-compliance
Lightning Source LLC
LaVergne TN
LVHW020418230826
846091LV00004B/1312

9782019140540